KB263129

당신의 새날을 응원합니다!

송암 전해진

너의 새날을 위하여

권태진 시인의
시/작/노트
01

너의 새날을 위하여

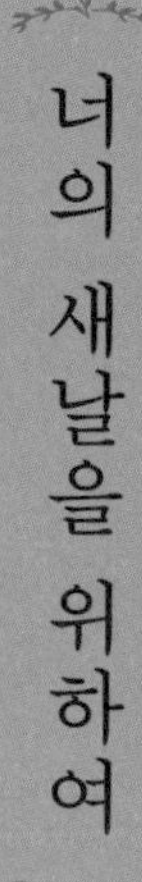

권태진 지음

성빛

작가의 말

어두운 밤 등대의 불빛 향해
항구로 들어오는 작은 목선 같았던

고난의 훈련, 연단과 사랑에 감사의 고백을 드립니다.
저는 믿음이 없는 가정에 태어났고 농사할 땅이 없어
고향을 떠나야 했기에 도시로 상경했습니다. 가난은
저를 더 큰 세상에서 활보할 수 있도록 했습니다. 세월
따라 여울진 삶과 목회 속에서 일어났던 크고 작은 일,
느꼈던 고뇌와 고난, 고통과 좌절, 질병과 가난과 외로
움과 한숨은 제게 시심을 만들어 주었습니다. 수많은
헤어짐의 아픔과 이유없는 박해는 십자가의 진리를 깨
닫게 하는 스승이었습니다.

사선을 넘나드는 아픔은 세상의 그 무엇보다 영육 건
강의 소중함을 알게 해주어 물질과 명예의 결박에서
풀어주었습니다.

지난 삼십칠 년의 세월을 회상하며···

삶의 현장이 있는 고백으로 6년 6개월 동안 Good TV 〈시인의 언덕〉을 통해 이야기를 나누었고, 웃고 울던 일들이 이제 책으로 나오게 되었습니다. '너의 새날을 위하여'는 방송된 프로그램을 묶은 세 권 중에 1권이 될 것입니다. 오랜 시간 묵상하면서 행복을 느끼신 분들과 희망을 나눌 수 있기를 소망합니다.

인간의 건강과 부와 지식은 영원하지 않습니다. 언젠가 한줌의 흙으로 돌아감을 기억하는 것이 삶의 지혜라 믿어져 갈수록 분초가 더욱 소중합니다.

마지막으로 시를 쓰고 방송을 녹화할 때마다 모든 일을 전적으로 지원한 아내와 신령한 가족들, Good TV의 스텝 여러분께 감사드립니다.

한 해를 마무리하고 시작하는 모든 분들, 특별히 이 글을 읽고 함께하는 이들의 마음과 환경에 주의 복이 있으리라 믿어요. 할렐루야! 사랑해요.

이천십오년 십이월 새날, 송암 권 태 진

"약해진 곳 잘 보살펴 한보로 걷게 해 주고 싶은 맘
당신의 반보는 나의 반보, 당신의 한보는 나의 한보"

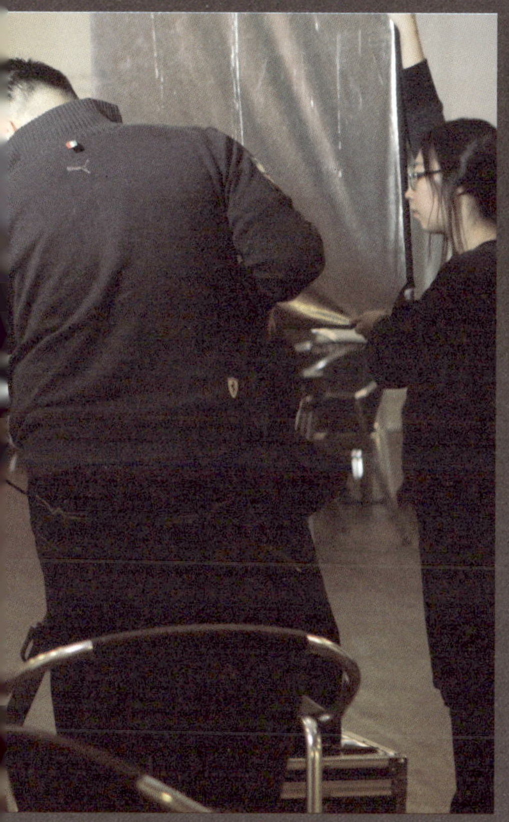

〈시인의 언덕〉 촬영장 스케치 2009.

차
례

2008

보라 내가 새 일을 행하리니 이제 나타낼 것이라
반드시 내가 광야에 길을 사막에 강을 내리니

이사야 43장 19절

2008

2008.11.30.~2008.12.29.

사랑을 안고 지고

001~005

반보 (半步)

제 아내는 개척할 때부터 참 많이 고생했습니다. 교회가 20년쯤 되었을 때 아내는 계속 앓던 심장병으로 병원에 입원하게 되었습니다. 고된 치료를 마치고 퇴원한 지 얼마 안 된 어느 날이었습니다. 예배를 드리고 집으로 돌아오는 길에 오르막길에 이르자 아내가 천천히 반보로 제 뒤에서 걸어왔습니다. 그 때 저는 잠시 멈추었다가 아내의 걸음에 맞춰 반보로 걸으면서, 한보로 걸을 때는 몰랐던 소중함을 깨닫게 되었습니다.

'아, 부부는 한보든 반보든 항상 같이 걸어가야겠구나!'

이후 저는 성도 또한 같은 마음으로 바라보게 되었습니다. 한보, 반보 걸음을 맞추며 목회하는 것이 사랑이고 진리임을 깨닫고 함께 걸어갑니다.

한 몸된 지 20년 내 곁에 나란히 걷는 당신
심장이 나빠 반보로 걸으니 오르막길 천천히 나도 반보네
약해진 곳 잘 보살펴 한보로 걷게 해 주고 싶은 맘

당 신 의   반 보 는   나 의   반 보
당 신 의   한 보 는   나 의   한 보

동행의 운명은 한보, 반보도 같이하니
한 몸으로 짝지어 준 것 거룩한 주님의 섭리임을 알아
오직 당신을 사랑해요

가로등

어느 늦가을 아침, 창문을 열고 밖을 보니 나뭇잎들이 도로 위에 뒹굴고 있었습니다. 그런데 자세히 보니 가로등 옆 나무의 잎들은 떨어지지 않고 그대로 붙어있었습니다. 가로등불의 따스한 기운 때문이겠지요.

그 나뭇잎들은 단지 며칠 더 버티는 것에 불과합니다. 조금 천천히 떨어질 뿐, 시간이 지나면 다 낙엽이 되어 거리에 날리겠지요.

사람 사는 것도 이와 같지 않을까 합니다. 우리는 여기 저기 좋은 환경을 찾아다닙니다. 하지만 영원의 관점에서 본다면 그것은 단지 따스한 기운에 힘입어 몇 년 더 사는 것에 불과합니다. 좋은 환경이 인생의 전부는 아닙니다. 환경을 초월하는 믿음, 예수를 믿는 우리들에게 필요합니다.

찬 바람에 한 잎 두 잎
낙엽지는데
저만치 가로등 아래 나뭇잎
아직도 푸른색이구나

밤마다 불 밝히는
따뜻함 입은 까닭이구나

저 푸른 잎 얼마나 견딜까?

좋은 환경에 살아도
결국 낙엽으로 지는 건
인생살이의 지혜

주님의 섭리에 순응할 뿐
밤마다 불 밝히는 가로등에게
나직한 시선을 전한다

갯벌을 보며

진리 안에 산다고 하지만, 때때로 마음 아프고 힘
들 때가 있습니다. 제가 한참 힘이 들 때, 안산에
있는 '사리'라는 곳에 간 적이 있습니다. 물 빠진
갯벌에 비스듬히 누워있는 배 한 척을 보노라니
그 처량함이 마치 제 모습처럼 느껴졌습니다. 한
참을 의기소침해 있었는데 문득, '언젠가 물이 들
어오면 저 배도 다시 떠올라 푸른 바다로 나갈 수
있겠지.' 하는 생각이 들었습니다. 거기서 새로운
힘을 얻었고, 하나님께서 성령으로 충만케 하시
면 나도 세계를 향해 나갈 수 있다는 꿈을 품었습
니다.

안산이 보이는 사리의 부두
고깃배가 검은 물을 가르며 들어온다

푸른 바다 아닌 검은 바다
만조 때는 바다로 보이다가 간조가 되니 허허 벌판이다

만조 때는 똑바로 서 있던 배
물이 빠지니 갯벌에 허리춤을 묻고 힘없이 앉았구나

배야 배야 고깃배야 지금 너의 심정 어떠니

물없는 바다는 괴로움과 수치의 장소
생수 없는 나의 가슴같이 느껴지는구나

주님이 몰아오는 물을 기다리며
조용히 인내해 보자꾸나

별빛
흐르는 곳에서

하나님의 아들 예수님께서 말구유에 오셨을 때
거기에는 경호원도 없었고, 오지 말라는 사람도 없었습니다.
모든 사람이 편안하게 아기 예수님께 가까이 갈 수 있었습니다.
예수님의 탄생은 하늘과 땅의 잔치였습니다.
하늘의 별, 하나님의 형상으로 지음 받은 사람,
마굿간의 짐승들, 동방 박사와 목자, 또 천군과 천사들…….
이처럼 성탄은 온 우주의 조화가 잘 이루어진 사건입니다.
성탄을 생각하면 참 따뜻하고 평안합니다.
그 사랑을 받은 우리는 성탄에 흐르는 별빛 아래만 머물지 말고,
하나님께서 부어주신 사랑을 가지고 다시 세상으로 가서
성탄의 정신을 구현해야 할 것입니다.

별빛 흐르는 곳에서

하늘에는 영광
땅에서는 기쁨 속 평화
주님의 사랑 부어진 곳
별빛 흐른다

천군과 천사의 찬송
목자들 합창 부를 때
동방박사 황금 유향 몰약 낙원에 쌓으니
요셉과 마리아 행복에 맘 담군다

짐승도 평안히 다가갈 만큼
천하고 낮은 자리로
만왕의 왕 온누리 사랑의 빛 밝히운다

독생자 보낸 아비 맘
그토록 소중한 구원 소식
두 천년 흘러왔구나

일어나라 인생아
오신 주님 영접하고 세상을 밝히우자

성탄의 은혜 받아 말구유까지 낮아지고
주님만큼 사랑해 복음의 횃불 온 세상 밝혀보자

구유 같은 세상도
사랑 안고 온 백성 구원위해
별빛 흐르는 곳에서
사랑 안고 지고
세상으로 달려가자

새해를 맞으며

새해는 새 마음에서 느껴집니다. 새해가 되면 우리는 많은 계획을 세웁니다. 두툼한 카렌다를 벽에 걸면서, 올해도 할 일이 참 많구나! 생각합니다. 그러다가도 한 해의 끝자락에 서면 후회를 하곤 합니다.

바쁘게 보내기는 했는데 뭔가 중요한 게 빠진 것 같습니다.

올해는 바쁜 일보다 중요한 일, 많은 일보다 바른 일을 하려고 합니다. 환경에 쫓기다 보면 우리는 가장 중요한 것, 곧 하나님께서 우리를 창조하시고 구원하셨다는 사실을 쉽게 잊어버립니다. 현실에 몰두하다 보면 하나님을 의식하지 못하고 그 분의 뜻을 벗어나 세상 중심으로 살게 됩니다.

이런 우리의 모습을 잘 극복하고, 회복케 하시는 하나님을 바라보면서

다시 일어나기를 소원합니다.

한 장의 카렌다를 떼어내고
열두 장 걸었습니다

지난 날 희로애락
추억에 저장하고
미래 행복의 징검다리
조용히 걷습니다

사사로운 일보다
큰 일에 마음 쓰고
바쁜 일보다
중요한 일을
하렵니다

생각의 우선 순위
주님의 뜻대로
영혼, 생명, 사랑, 열정 품고
티 없는 순결로
사랑을 노래하렵니다

두툼한 달력만큼
많은 계획들
주님이 주신
능력, 권세, 힘으로 이루렵니다

한 해가 지날 때
후회 없도록
세월 아끼며
많은 일 보다는
바른 일을
하렵니다

주님의 자녀답게
거룩하게 살렵니다

이 새해에!

2009

2009.1.4.~2009.12.22.

어둠의 화폭에 빛 되었으면

006~051

행복의 텃밭

누구나 새해에는 소원을 갖습니다. 어둠 속에서 동녘의 태양이 떠오르듯이 새해에는 모든 분들이 어려운 현실을 이기고 좋은 날 맞이하기를 소망합니다. 선행, 화목, 진리, 정의, 사랑은 복음을 통하여 우리의 삶 속에 계속해서 스며들어야 합니다. 옥토에서 곡식이 자라는 것처럼 우리 삶 속에도 신자의 덕목이 아름답게 자라는 한 해가 되기를 소원합니다.

우리 대한민국은 꿈이 있는 민족입니다. 어려움도 잘 극복해냅니다. IMF, 태안기름유출사건 등 위기 때마다 온 국민이 일어나 힘을 모으는 것을 보면서 우리 민족에게는 엄청난 잠재력이 있다는 것을 다시 한 번 느꼈습니다.

우리에게는 백의 민족다운 순수성과 쓰러져도 다시 일어날 수 있는 에너지, 물댄 동산처럼 많은 과일을 맺을 수 있는 에너지가 있습니다. 우리는 어디를 가든 승리할 수 있습니다.

동녘 태양 어둠 삼키고 질서와 행복의 옥토 가꾸어라
새해, 새 마음에서 떠오르고 선행, 섬김으로 피어나거라
어둠 물러가고 편견의 사고, 아집의 권력, 불화와 투쟁 소식 없어져라
평화 화목 꽃 만개한 낙원 조성하는 선한 백성되려무나
꿈의 한국 이름 달아 백의 민족 기상 세워
진리 정의 횃불 들고 사랑 번영의 열매 주렁주렁

물 댄 동 산

풍 요 의 삶

행 복 한 해

되 겠 구 나

눈밭

어느 날 눈 덮인 밭을 지나는데
오른쪽으로 산이 보였습니다.
백색의 겨울산. 눈꽃이 나무에 가득 피었는데
햇살이 비치니 우수수 떨어집니다.
눈 덮힌 하얀 밭도 햇빛이 내리니
군데군데 흙이 드러나기 시작합니다.
그 광경을 보노라니 어렸던
옛 시절이 생각이 났습니다.
시골에서 아이들이 장난치다가 엎어지면
옷 무릎이 해어져 살이 보입니다.
'군데군데 드러내는 살'은 그 모습을 빗댄 것입니다.
계절이 변할 때마다 하나님께서 옷을 입히시고 벗기시는
자연의 신비를 함께 느꼈으면 좋겠습니다.

하얀 눈 위로 퍼지는 햇살

빛발 터는 소리

앙상한 나무들

하얀 눈 소복

소리 없이 벗어내리고

군데군데 드러내는 살

장난꾸러기 무릎같아

입혀주고 벗겨주는

자연의 신비

바라보는 길손의 미소.

어떤 환경도 좋아요

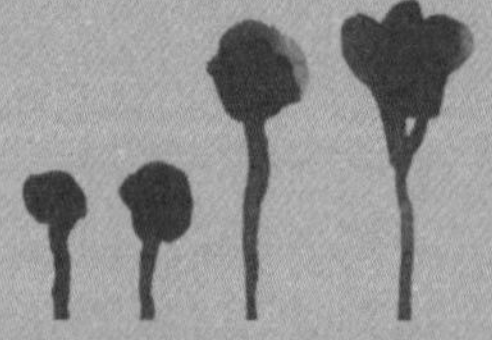

이 시는 제 삶의 고백입니다.

지금까지 살아오면서 힘들고 어려운 환경이 많이 있었지만

그 때마다 이 시에서 표현된 각오로 버텨왔습니다.

요즘 많은 사람들이 환경을 비관하며

좌절과 우울증에 빠지고 심지어는 스스로 생을 포기합니다.

이 시에서 저는 제 작은 경험을 소개하면서,

"그러지 맙시다" 라고 이야기하고 싶었습니다.

사람들이 나를 미워하는데 나까지 나를 미워한다면 어떻게 견디겠습니까?

다른 사람들이 나를 밀어내고 왕따시킨다고 괴로워할 것이 아니라,

그럴 때일수록 더 기도하고 공부하고 연구해서

더 나은 세계를 만들어 보겠다는 다짐이 필요합니다.

누가 나를 미워하면
난 나를 더욱 사랑할래요

누가 나를 필요 없다 하면
난 나를 귀히 여길래요

누가 나를 동리에서 밀어내면
난 거룩한 주님의 품에서
참 행복을 누리며 살래요

누가 나를 '왕따' 시키면
천사의 노래 들으며
더 좋은 세계를 위해 준비할래요

누가 나를 사랑하면
난 주님을 더욱 사랑할래요

어떤 환경도 좋아요
모두 행복의 씨가 되도록
옥토에 심어
아름다운 나무 키워볼래요

환난이 와도

대적이 와도

가난이 와도

좌절이 와도

감사하며 감사하며
주님이 주신 꿈 키워갈래요

성령의 인도로 가는
생명의 길
행복의 나라
사랑 실천의 정원
한 송이의 백합화로 곱게 피어나는
아름답고 귀한 길
달려갈래요

설날

설날은 늘 그립고 기다려집니다. 그동안 떨어져 있던 형제들이 부모님이 계신 곳에서 함께 만나 같은 젖꼭지를 물고 자랐던 것을 다시 한 번 확인하는 날이기도 합니다. 조약돌처럼 흩어져 살던 후손들이 이 날엔 다 모여 가족의 정을 나눕니다. 실패한 사람, 성공한 사람, 몸이 약한 사람, 건강한 사람 등 가족들은 여러가지 사정을 안고 한 자리에 모입니다. 그 때, 서로 가진 것을 나누었으면 하는 바램을 가져봅니다. 피는 물보다 진하다고 하지요. 서로가 가진 물질, 힘, 환경으로 부모님을 기쁘게 하고, 함께 예배드리며 행복을 나누는 그런 설이 되기를 소원합니다.

물보다 진한 피
한 탯줄 감고 나오니
한 세상 천륜의 긴 세월
조약돌처럼 흩어져 살다
부모님 계신 고향 찾았다

한 해 하루로 변하여 떠오르는 추억들
그리운 얼굴 정든 땅에 포근히 안겼다

아 , 형 제 여 !
서로 대화가 통하고 만나면 살며시 웃고
좋은 환경 있는 힘 가진 물질 사랑으로 나누어
헤어지기 전 후회 없도록

주님 안에서 사랑의 정
열매 맺어 보자꾸나

희망의 노래

몇 년 동안 노인복지관의 관장을 맡은 적이 있습니다. 거의 매일 어르신들과 함께 지냈는데 웃음을 주는 소식은 좀처럼 듣기 어려웠습니다. 팔다리가 쑤신다, 어디가 아프다는 이야기를 주로 하시고, 소망적인 이야기들은 별로 하시지 않았습니다. 황량한 겨울산이 떠올랐습니다. 하지만 그 때, 눈 덮인 산을 보면서도 봄을 노래할 수 있으면 행복하겠다는 작은 소망이 생겼습니다. 어르신들 가운데서도 그리스도 안에 있는 분들이 있었습니다. 그 분들을 보면 이 삶이 끝이 아니라, 육체가 흙으로 돌아가면 영혼은 천국에서 영원히 누리는 봄을 맞이할 것이라는 기대와 기쁨이 있었습니다.

복지관에 있는 동안, 더불어 행복했고 희망을 노래할 수 있었습니다.

하얀 머리 찬 바람에 도리도리 흔들리고
황량한 곳 푸른 잎 보이지 않아도
가슴 깊이 품은 생명 저 산 너머 오는구나

봄을 기다리는 꿈꾸는 소리 들리니
희망의 노래가 호흡이 되는구나

하얀 머리카락의 면류관 후패하는 육체 속
영생의 영혼 품으니 황혼에도 행복이어라

낙원 노래 들으며 천국주님을 사랑하니
행복을 노 저으며 범사에 감사가 호흡이 되누나

어둠의 화폭에
빛 되었으면

지금으로부터 한 십여 년 전, 목회하면서 너무 힘들고 어려웠던 시기가 있었습니다. 그래서 어느 날, 모든 걸 다 내려놓고 지친 몸과 영혼을 추스르기 위해 설악산으로 갔습니다. 밤에 숙소에서 창문을 열고 가로등을 보고 있는데, 그 날 따라 어둠 속에 빛나는 가로등 빛이 소중하게 느껴졌습니다. 그러면서 마음 속에 한 생각이 떠오르기 시작했습니다.

'세상을 미워해서는 안 되겠다. 세상이 어둡다고 불평만 해서는 안 되겠다. 어둠이 있기에 내가 빛을 발할 수 있고, 발해야 하는 것 아닌가.'

이런 생각이 들자 두 주먹이 불끈 쥐어지고 어둠과 싸우겠다는, 불의한 세상 속에서 선(善)을 나타내겠다는 다짐이 가슴 밑바닥에서부터 솟아났습니다.

밤이 깊어가고 있을 때
머리를 식히기 위해 창문을 연다

산세가 좋으니
공기가 맑고 시원해
마음의 창이 열린다

멀리 여러 개의 가로등
길손의 앞길을 밝힌다

낮에는 보잘 것 없는 가로등이
밤을 만나 돋보인다

나도 어두운 세상을 미워함보다
어두움의 화폭에 빛이 되리라

칠흑같은 어둠아 오라
더욱 많은 사람이 나를 필요로 하리라

흑암아 나를 가리어라
너에게 가리우지 않고
더욱 멀리 멀리
비추리라

난
태양을
보러자

십여 년 전, 홍수로 서울의 여러 동네가 물난리를 겪었습니다.

도울 일이 없을까 해서 그 동네에 가보니, 가재도구들이 쓰레기 더미처럼

집 밖으로 내쳐져 있었고, 더러운 오물들이 여기 저기 널려 있었습니다.

그 모습을 보니 제 마음이 너무 우울해졌습니다. 그러나 이내 다시 생각했습니

다. 내가 눈 앞에 있는 것만 보고 우울해 할 것이 아니라 태양을 봐야겠다고.

빛을 밝히는 태양을 향해 눈을 들어야겠다고 생각했습니다.

하나님께서 저에게 부정에서 긍정으로 돌아서게 하는 마음을 주신 것입니다.

미움보다는 사랑을 꿈꾸고, 절망보다는 희망을 노래하고,

시기와 질투보다는 이해하고 용서하고,

땅의 지저분한 것들보다는 찬란히 빛나는 태양을 보리라.

그 마음으로 세상을 보니 희망이 생겼습니다.

도심에 흐르는 폐수
작은 개울 사망의 냄새
욕심이 잉태한 죄
불신과 미움의 씨
대지를 덮으니
불안과 탄식, 한숨의 노래

아!
난, 저 태 양 을 보 리 라
저 푸른 산림을 보리라
봄의 태양을 보며
꽃들의 합창을 듣고
새싹의 기지개 켜는 것을 보리라

가난의 터널 건너
아름다운 복지의 꿈을 꾸리라
서글픈 실패자의 옷을 벗고
의인의 당당한 모습으로 살리라

싸늘한 시체 되어
무덤에 장사 되는 육체 대신
주님 안에서 구원 받은
새생명 입고
천사의 손에 붙들려
낙원으로 오르는 영혼을 소망하리라

난
저 태양을 보며
영생을 소망하며
십자가 지고 부활의 길로
힘차게 나아가리라

사랑은 참으로 귀합니다.

혼자 하는 사랑도 아름답습니다. 하지만 서로의 관계 속에서 이루어질 때 사랑은 더 아름답습니다.

에덴동산에 홀로 거하는 아담을 보고 하나님께서는 그의 갈비뼈를 뽑아 하와를 만들었습니다. 그리고 그녀를 그의 아내로 삼아주셨습니다. 하와를 본 아담의 첫 마디는, "이는 내 뼈 중의 뼈요 살 중의 살이라" 였습니다. 나의 전부이자 지체이며, 가장 귀한 존재임을 고백했습니다. 사랑은 두 사람의 상호작용 속에 시작되는 것입니다. 그래서 사랑을 하면 행복해지고 예뻐집니다.

성경은 하나님을 사랑이라고 말씀합니다. 하나님은 사랑으로 세상을 구원하셨습니다. 사랑은 참 위대하고 아름답습니다. 사랑이 많을수록 행복해지는 것을 아시기 때문에, 하나님께서는 우리에게 서로 사랑하라고 하셨습니다.

사랑이 무엇이기에
서로서로 사랑하라 하나요

혼자 하면 짝사랑
긴긴 밤 홀로 외로워할까봐
서로서로 **사랑**하라 하나요

사랑하면
아름다운 환한 얼굴
행복의 모닥불 핀 가슴
새싹을 토해내네요

마음에 설레설레 일어나는
둥근 여울에
조용한 모습으로
사랑노래 불러요

봄의 문턱에

십여 년 전에 월악산에 오른 적이 있었습니다. 그때가 봄의 문턱이었습니다. 올라갈 때는 몰랐는데 내려오는 길에 봄이 가진 생명의 역사가 제 눈에 보였습니다.

저는 시골에서 어린 시절을 보냈습니다. 봄이 되면 산으로 들로 다니며 뛰놀았는데, 시를 쓰면서 그때의 봄 생각이 하염없이 떠올랐습니다.

아, 봄이 왔구나. 조금 있으면 씨를 뿌리겠지. 곧 꽃이 만발하겠고, 산새가 노래하겠지. 그리고 가을에는 봄에 수고한 만큼 풍성한 열매를 거두겠지. 이런 생각들을 하면서 봄을 놓치지 않으려고 마음에 꼭 품고 산을 내려왔습니다.

봄은 생명의 계절이고 사랑의 계절입니다. 봄은 가을에 풍성한 열매를 거둘 수 있도록 태(胎)의 역할을 하는 기간입니다. 봄! 정말 좋은 계절입니다.

겨울 흙 밑으로 빠져들고
봄 남풍에 날려 오니
봄처녀 파란 옷 길쌈한다
산등성 철쭉 피는 날
진달래 옷고름 달고
아지랑이 그늘에
산새 봄 노래한다

산악 깊이 토하는 개울
개구리 풍덩 헤엄치고
두꺼비 엉금엉금 기어 오른다
버들강아지 눈 틔우며
물거미 물위 도는
산딸기 좇는 시골의 삶
동심의 추억 그리운 맘

봄 향기 타고 피어난다

생명

생육하고 번성하여 땅에 충만하라!

창세기에 있는 말씀입니다. 모든 시작은 항상 하나님의 사랑과 섭리입니다. 부부 간에도 사랑이 이루어졌을 때 그 열매로 생명이 탄생합니다. 생명에는 헌신과 사랑과 섬김이 뒤따릅니다. 정성스러운 보살핌으로 생명은 생육하고 번성합니다.

영적인 생명도 마찬가지입니다. 예수님의 사랑과 희생을 통해 새 생명이 탄생하고, 주님의 돌보심과 진리의 말씀을 통해서 생명이 자라갑니다.

사랑의 여울

헤엄치는 생명

사람의 형체로

곱게 맺혀져 가는구나

창조의 세계로

태어난 생명들

생육번성의 대업

이룩하려무나

온 대지 가득하며

만물의 통치자 권위입고

주님의 은혜 찬양하며

행복의 둥지 틀고

영원을 노래하려무나

불 밝히어라

이 시는 예전에 성도들과 함께 나누었습니다.

아무리 힘들고 어려워도 부활을 바라보며 십자가를 지자.

가을의 수확을 바라보며 봄에 씨 뿌리는 수고를 하자.

하나님께서 높이시기를 소원하며 등불이 되어 보자.

부활의 영광은 십자가를 지고 난 다음에 옵니다.

"사람이 등불을 켜서 말 아래에 두지 아니하고 등경 위에 두나니"(마 5:15)

"사람이 무엇으로 심든지 그대로 거두리라"(갈 6:7)

요행이라고 하는 것, 수고 없이 거두는 것은 없습니다.

수고한 자만이 거둘 수 있고 누릴 수 있습니다.

등불 말 아래 두지 않는
주님의 뜻 알아
불 밝히어라

큰 성공 꿈꾸며
현실에 충실한 지혜
주님이 나리우신 선물이구나

머리는 하늘에
발은 땅에 충실하고
부지런히 섬기며 자족하여

주 님 의 관 심 내 관 심 삼 아
영혼구원 이루어라

십자가 길 지나
조용히 열리는 부활의 문
향하는 너여!

아픔 곱씹으며
육체 흙으로 녹아내린
허무의 눈 닫고
좁은 길 낙원 누리는 길로
길손의 행복 노래하려무나

봄이 가져다 주는 행복

봄은 하늘의 변화가 땅의 변화로 연결되는 계절입니다.
태양이 가까이 다가와 빛을 더 비출 때
땅은 어김없이 가지고 있는 것들을 드러냅니다.
공기도, 식물도 또 사람들의 옷차림도 변화합니다.
봄은 변화의 본성과 아름다움을 보여줍니다.
벚꽃이 피고 질 때, 그 밑으로 지나가는 사람들에게
꽃잎을 날려주는 그 정경.

봄! 참 행복한 계절입니다.

봄기운이 퍼지고 있어요
아낙들의 옷차림에도, 마음에도 영혼에도
새 봄이 오고 있어요

눈물 흘리는 자리, 파란 싹 돋아나는 길목에
한 포기 민들레 잠깨어 일어나요

길 옆 언덕 덤성덤성 야생화, 잎 없이 피는 진달래
성질 급한 나무라 평가하나
긴 세월 잎 키워 벌 나비 유혹하는 향기 품은 날 소원하며
태양 사랑 받고 봄의 정 먹으며
아름다운 옷 길쌈하네요

머리에 살구꽃 피운 후 맺혀지는 황금 열매
시들지 않는 영혼의 빛과 생명
천국 누림이 행복을 기다려주지요

좋은 것 심어요

30년 동안 한 교회에서 목회를 하다보니, 사람이 무엇으로 심든지 그대로 거두리라는 말씀이 그대로 이루어지는 것을 봅니다. 며느리가 시어머니가 되고, 자식이 부모가 되는 30여 년의 세월 동안, 사랑을 심었던 사람은 행복하게 살고, 구제하고 나눠주기를 좋아했던 사람은 부자가 되었습니다. 그리고 남을 배려하기를 좋아했던 사람은 자신도 존귀한 대접을 받습니다.

봄에 씨를 뿌리는 농부의 모습을 보면 가을에 거두는 분량을 압니다. 좋은 것을 심어봅시다. 그리하면 좋은 것을 거두게 하신다는 믿음을 가져봅시다.

사랑을 심는 걸 보니 행복하겠네요

복음 전하는 걸 보니 면류관 받으시겠네요

꽃씨 심는 걸 보니 꽃밭에 살겠네요

물질 선용하는 걸 보니 부자 되시겠네요

좋은 것 심는 걸 보니

당신은

주님에게 지혜를 받았네요

예수님께서 사망의 고통 속에 결박되어 있을 때, 하나님께서 무덤에 찾아오셔서 주님을 다시 살려 내셨습니다. 주님의 부활은 하나님께서 회복시킨 가장 아름다운 사건이며, 온 인류에게 기쁨과 소망을 가져다 준 구원의 역사입니다.

예수님의 부활은 우리의 생 가운데 영원한 실패는 없다는 사실을 알려줍니다. 실패를 성공으로 바꾸시는 십자가의 섭리를 깨달으면 다시 일어날 수 있습니다. 이런 생각을 하면 저는 부활절이 그렇게 행복할 수 없습니다.

부활은 십자가의 꽃입니다.

한 송이 꽃을 피우려

엄동설한 이겨내고

봄 햇빛에 온 몸 달구며

기지개 켜는구나

고난의 길 지나 무덤의 안식 끝내고 썩는 죄와 사망 멸하고

승리의 부활 영생의 부활꽃 피우며

구름 옷 두르고 하늘로 올라가신 주님을 사랑합니다

보좌에서 우리 위해 기도하시며

재림 준비하실 주님

손 모아 기다립니다

영광의 그날을

"주 예수여, 오시옵소서!"

갈릴리 호수

성지답사 차 이스라엘에 갔을 때였습니다.

갈릴리 호수 옆의 한 호텔에서

새벽 창을 열고 갈릴리 호수를 바라보았는데,

태양이 호수 건너편 산너머에서 떠오르고 있었습니다.

한 마리의 갈매기는 물 위를 외롭게 날고

길 아래로는 한 아낙이 무언가를 머리에 이며 걸어가고…….

밤이 새도록 수고했는데 고기 한 마리 잡지 못했던

이천 년 전 제자들이 생각났습니다. 그 때 예수님께서 오셨습니다.

그리고 깊은 곳으로 가서 배 오른편으로 그물을 내리라고 하셨습니다.

제자들은 그 말씀에 순종했고, 그물 가득 고기를 잡았습니다.

그 장면을 떠올리며, 지금까지의 나의 삶이 빈 배와 같았을지라도

앞으로 주님의 말씀에 순종하면

정말 보람 가득한 만선의 인생이 되겠다는 확신이 생겼습니다.

"말씀만 하소서, 순종 하겠나이다" 라는 고백은 제 깨달음의 결론입니다.

갈릴리 호수

새벽 갈릴리 건너

산 너머 태양 붉은 이불 펴고

조용히 일어나고

밤새 외로웠던 갈매기

빛이 오는 길 춤추고 노래하며

날개로 어둠을 쫓는구나

솔바람 갈릴리 호수 어루만지니

일렁일렁 간지럽나보다

두 천년 전의 그날

밤새 헛수고 빈 배로

새벽 맞은 제자 찾아주셔서

깊은 곳에 그물 내려라 하심

순종하는 이들

그물 가득한 고기

전능자 능력 보는 눈 열어

부활의 주님을 보는구나

주님!

빈 배 인생에

주님 은혜 감사하며

주님 발자취 더듬으며

새로운 각오 가슴 깊이 싹틔우니

말씀만 하소서

순종하겠나이다

십자가 사랑

본래 십자가는 사람들에게 손가락질 받는 수치의 장소입니다. 우리는 십자가에서 억울하게 당하는 예수님의 모습을 보았습니다.

그럼에도 불구하고 주님은 십자가를 선택하셨습니다. 그 이유는, 그것이 하나님의 뜻이었고, 인류를 구원하기 위해서입니다. 예수님의 십자가는 하나님께 대한 순종의 극치요, 사랑실천의 완성입니다.

하나님의 아들, 예수 그리스도께서도 천대와 수치와 고통을 당하셨다는 것을 기억하면 화를 낼 수도, 우울할 수도 없습니다. 이 땅에서 그 이상의 수치는 없을 것입니다. 십자가 사랑을 깨달을 때 우리는 용서할 수 있고, 감사할 수 있고, 소망을 가질 수 있습니다.

부활하게 하신 하나님의 능력을 알기 때문에 모든 것을 하나님께 맡기고 사랑하고 활짝 웃는 것입니다.

이것이 바로 십자가 사랑의 능력입니다.

허공을 맴도는 맘
누가 품고 잡아주려나

바람은 세찬데
견딜만한 강건없으니
밝은 태양도
희미한 등불이어라

불행 중 다행
주님의 십자가 사랑

가슴에 위로의 씨되어
죽은 영혼 살렸으니
영혼의 새노래 기쁨
허공에 맴도는 맘
주님 품에 안식 얻고

눈 감으면 보여지는
천국의 아름다운 세계

속사람 겉사람 이기니
참 평안이 입술로 터져
감사의 노래 샘이 됩니다

큰 선물

"너희는 그 은혜에 의하여 믿음으로 말미암아 구원을 받았으니 이것은 너희에게서 난 것이 아니요 하나님의 선물이라"(엡 2:8)

이 땅에서의 건강한 육체도, 넉넉한 물질도 우리에게 선물입니다. 그러나 가장 큰 선물은 구원과 영생입니다. 우리는 이 선물을 공짜로 받았지만, 하나님께서는 독생성자 예수 그리스도를 세상에 주시는 큰 댓가를 치르셔야 했습니다.

예수님은 하나님께서 우리에게 주신 가장 큰 선물입니다. 예수님을 통해서만 우리가 구원과 영생을 얻을 수 있기 때문입니다.

큰 선물을 주신 하나님의 마음, 선물로 오신 예수님의 마음을 한번 헤아려 봅니다. 그리고 이 땅에서 환난과 고통이 있을 때 우리에게 입히신 그 큰 사랑을 기억해 봅시다.

행복한 당신
당신의 사망고통 풀어주시려
독생성자 보낸 아버지의
큰 사랑 깨달아 보았나요

복 받은 당신아
당신의 사망고통 대속한
예수님 순종의 삶을 생각해 보았나요

해산의 고통으로 생명 태어나고
십자가 고통으로 새 생명 거듭나며
죽음의 형벌 넘어 부활의 능력
신령의 눈 열림은 주님의 큰 선물이지요

배신과 십자가의 길도
묵묵히 걸어가신 주님의 모습 닮음은
부활의 승리
믿기 때문이지요

몸은 고난의 늪에 빠졌으나
마음은 부활의 믿음 있으니
육체는 신음하나
영혼은 감사의 노래 호흡이 되어요.

어머니

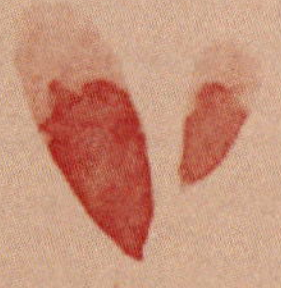

모든 분들이 어머니를 귀하게 여길 것입니다.

저도 어머니에 대한 사랑은 더욱 애틋합니다.

어머니는 젊으셨을 때 남편을 떠나보내고 홀로 두 형제를 양육하셨습니다.

그리고 개척교회 시절, 저희 집에 오시면 눈물을 많이 흘리셨습니다.

참 여러 가지로 애를 쓰셨습니다. 함께 산 기도 가서 제가 새벽에 피곤해서 못 일
어나면, 목사가 산에 와서 기도도 안한다고 불호령을 내리셨던 어머니입니다.

어머니께서는 여러 번 시골로 내려가고 싶어 하셨지만 형편이 여의치 않아
보내드리지 못했습니다. 좋은 곳 잘 모시고 다니지도 못했습니다.

그런데 교회가 성장하고 어머니를 모실 수 있게 되니까
이미 어머니는 떠나고 안 계셨습니다.

평소에도 부모는 기다려주지 않는다고 생각해 왔지만
막상 어머니를 보내니 그게 아니었습니다.

너무 안타깝고 죄송한 마음 뿐입니다. 그래서 지금
더욱 노인들을 돌아보면서 복지 사역을 하고 있습니다.

지금도 어머니는 제 마음 속의 작은 성(城)입니다.

많이 보고 싶습니다.

나이가 들면 들수록 더 가까이 오시는 어머니 모습,
그런 그리움으로 불러봅니다.

가신 지 십칠 년이나 되었는데
계실 때보다 더 가까이 오셨어요

나이가 들면 들수록
자꾸만 보고 싶어요

조용히 서재에서 책을 볼 때면
책 속에 보여지는 어머니 모습

텅빈 방 어릴 때 추억의 포로 되어
왈칵 눈물 쏟습니다

어머니 산소에 파란 풀잎 덮였어도
제 마음에는 어머니를 그리워하는 맘이
돋아나고 있습니다

조금만 더 참으시지요
주님이 주신 복으로 어머니 위해
흔들의자 하나 놓아 드릴 수 있을텐데요

그토록 가시고 싶은 고향땅에 모실 수 있게
한여름에도 시원한 바람
겨울에는 따뜻한 바람 나오는 차 샀는데

어머니 가신 후 좋은 환경 올 때면
어머니 생각에 가슴이 미어집니다

어머니
이 몸이 이제 육십이 되었어요

나이는 병이라더니
멀지 않은 날
어머니 가신 천국 갈 것입니다

어
머
니

보
고

싶
습
니
다

참 스승

스승의 날, 가르쳐주셨던 선생님께 감사를 표하는 날입니다.
많은 스승들을 떠올려봅니다. 그 때는 그 분이 참 스승인줄
알았는데 세월이 지나 보면 아닌 분도 있고, 제대로 배웠다
고 생각했는데 틀린 것도 있습니다.
그러나 예수님의 말씀은 천 년이 지나고 또 수천 년이 지나
도 일관성이 있습니다. 변함도 없습니다. 모두가 그 말씀을
따르면 행복해집니다. 예수님은 친히 본이 되신 분입니다.
언제나 길과 진리, 생명이십니다.
참 스승은 예수님 한 분 뿐입니다.

칠흑바다 등대로
지식 지혜 삶의 본 올올이 수놓은 주님
고해의 바다로 감사의 노 저으며 행복의 돛 달게 했어요

스승의 그림자도 밟지 말라는 조상의 교훈
세파에 수몰되었으나 참사랑의 지식 섬김의 본
십자가 위에 피었어요

내가 곧
길이요 진리요 생명이니

사랑, 교훈의 삶은
택자의 영원한 스승이지요

빗물을 눈물로 느낄 때의 추억

33년 전 군포에서 교회를 개척했습니다. 당시 경제적인 사정이 여의치 않아 보증금 십만 원에 월세 이만 원짜리 사택을 얻어 살았는데, 비만 오면 슬레트 지붕 사이로 물이 샜습니다.

그런 날은 방 안에 그릇을 갖다 놓고 밤새도록 떨어지는 빗물을 받습니다. 그릇에 넘쳐 방바닥으로 흐르는 빗물을 보면서 마음이 참 슬펐습니다. 그럴 때 하나님을 생각했습니다. '이 빗물은 하나님께서 나를 이곳에 보내시고 흘리신 눈물일거야.' 생각하면서 위로를 받았던 기억이 납니다.

하 늘 이 운 다

종이 사는 스레트 지붕을 타고

떨어지는 눈물

금세 양동이를 가득 채운다

하나님 눈은 크시나 보다

큰 슬픔 있으시나 보다

사랑하는 종

천막 예배당으로 보내시고

혹 서러워 우시는가

하늘의 눈물은

가난과 서러움의 고난 위로하는

아버지의 큰 사랑이다

오월의 기도

만물이 소생하는 봄. 그 가운데서도 오월은 계절의 여왕입니다. 또한 오월을 가정의 달이라고 합니다. 가정이나 사회나 오월의 정신을 가지면 모두가 다 행복할 수 있습니다.

자녀는 부모님께 효도하고, 부모는 자애롭고, 스승을 통해 바른 교육이 이루어지면 그 가정과 사회는 소망이 있습니다. 그러려면 창조주 안에, 진리 안에 있어야 합니다. 그래서 이 시에, '하나님께서 지혜를 주셔서 모두가 주 안에 있게 하소서.'라는 바람을 담아보았습니다.

계절의 여왕
가슴 생명 키우고
사랑 흐르는 강
아름다운 꽃처럼 피어난다

사랑에 부푼 가슴 혈육의 정
연약을 덜고 약자가 큰 자 되고
헌신과 섬김이 자원되는 곳

순사랑 짝사랑
모닥불처럼 피어나
희로애락 함께하고
생로병사 이겨내며
생명을 토해낸다

창조주 택한 생육 번성의 밭
가정의 소중함
지혜자만 알겠구나

가족 의미 알도록 지혜주어
영원한 요새 주님의 품 둥지 삼아
사랑노래 하게 하소서

이 좋은 날에.

일어나자

성경에 보면 지혜로운 사람은 그 집을 반석 위에
짓고, 미련한 사람은 모래 위에 짓는다는 말씀이
있습니다.
어떤 사람은 반석과 같은 진리 안에서 살아가는
반면, 어떤 사람은 그렇지 못합니다.
이 시에는, 반석 위에 집 짓고 일어나게 하시는
분의 에너지를 받아 세상을 한번 환하게 밝혀 보
자는 소원을 한번 써보았습니다.

환경에 지배되면
현실의 고통 밭 갈고
육체의 종 삶 둥지틀
허무한 생 이루어진다

반석 위 집 짓는 삶
행복 생활 꽃 피우고
열린 하늘문 통해 내리운 은총
세세토록 승리된다

일어나자 새롭게 하자
전능자 영의 권세옷 입어
주님의 계절 온 땅 만개하도록

주님의 보혈로 태어난 가족
온누리 희망으로 북돋우자

샘물

어느 산에 올랐을 때였습니다. 주위가 많이 지저분했는데 그 옆 기슭에서는 마실 수 있을 정도의 깨끗한 물이 퐁퐁퐁퐁 솟아나오고 있었습니다. 물이 계속 솟아 나오니 옆에 있는 오염된 물이 그리로 들어가지 못했습니다. 그것을 보면서, 아하! 샘물이 쉼없이 솟아나면 오염되지 않는구나. 교회도 그리스도의 사랑으로 주는 운동, 나누는 운동을 계속 하다 보면 하나님께서 더 많이 주시겠구나 생각했습니다.

주는 자가 복이 있다는 것은 성경의 약속입니다. 저는 복지 사역을 하면서 많이 나누는 사람은 하나님으로부터 많이 받고, 많이 섬기는 사람은 하나님이 더 높이시는 것을 체험했습니다. 많은 사람에게 줄 수 있다면 그 사람은 더 가지고 더 높아질 수 있는 굉장한 기회를 맞이한 사람입니다. 샘물처럼 늘 복음도 전하고, 물질도 나누면 계속 새로운 것으로 솟아나게 하는 은혜를 맛보게 될 것입니다.

주님의 사랑 설명할 수 없어
복지하며 사람 돌보고 있어요

섬김과 나눔은
섬김 받고 모으는 것

섬기고 나눌 사람 많으면
주는 자의 복 누리지요

샘물이 넘쳐야 오염되지 아니하고
복음 전해야 행복해지고
세상이 아름답게 되지요.

유월의 각오

호국보훈의 달이 되면 6.25전쟁을 잊을 수 없습니다.

고요한 아침의 나라인 이 땅에서 많은 젊은이들이 전쟁으로 인해 죽어갔습니다. 그래서 6월이면 꽃피우지 못하고 져버린 분들의 수고를 생각하게 됩니다.

전쟁을 겪지 않은 사람은 전쟁의 비극을 모릅니다. 저는 맹호부대원으로 월남전에 참전해서 정글을 기어봤습니다. 전쟁에 참여하는 군인들의 마음 속에는 초조함, 두려움, 불안, 그리고 그리움으로 가득 차 있습니다.

다시는 이 땅에 6.25와 같은 동족상잔의 비극은 없기를 바랍니다. 어떤 희생을 치르더라도 전쟁만은 막아야 합니다. 우리 젊은이들이 역사를 바로 알고 기억해서 평화의 소중함을 깨닫기를 간절히 바랍니다.

아름다운 금수강산
6.25의 포성이 멈춘 지 59년
젊은이들의 피 땅 적시며
강물에 흐르고
푸른 산 초토화 비극의 그날
멀리 떨구어라

아! 나라위해
산화한 영령들의 희생이
헛되지 않도록
빛 소금 아름안고
자유와 민주주의 나라
사랑과 화합으로
평화의 나라 잘린 허리 회복하자

살아도 죽어도

《살아도 죽어도》는 제 목회시선 9집의 제목입니다.

33여 년이 넘는 목회 세월 속에서 하나님께서는 많은 사람들을 만나고 또 헤어지게 하셨습니다. 그 속에서 저는 많은 것을 깨달았습니다.

때로는 선한 사람, 때로는 억지 쓰는 사람, 행복한 사람, 병든 사람 등 다양한 사람을 만났는데, 그 모든 분들이 나의 스승이었고 하나님께서 주신 선물이었습니다. 그 분들을 통하여 저의 성화가 이루어졌기 때문입니다.

믿는 자에게 있어 만남을 통해 일어나는 사건들은 살아도 죽어도, 모두가 하나님의 선물입니다.

만남은 행복과 불행의 씨
만남은 헤어짐의 시작 그 이상
행복의 영원한 동행자

만남의 기쁨만큼 헤어짐이 슬픔 되나
육체 기쁨만큼 미움도 큰 것이 현실임을
소복이 깨닫는다

주님 동행 열린 낙원길
범사에 감사하라는
바울 사도의 말이 들린다

한 길 한 나라 가면
먼저 가도 나중 가도
서로 만날 날 보장되고

살아도 죽어도 축복의 길
천국에 속한 자의 누림이지요

아! 나는 행복자
모두는 주님의 선물
성화에 유익 주니
감사하며 사랑하리라

바람

무척 더운 여름, 사이판에 간 적이 있었습니다. 그런데 산 위에 올라가니 바람이 그렇게 시원할 수 없었습니다. "산 위에서 부는 바람 시원한 바람~ " 동요의 한 소절이 떠올랐습니다. 그 바람을 맞으며 바다를 내려다보니 새로운 각오가 일어났습니다.

사이판에서 본 바다는 먼 바다, 가까운 바다, 섬을 둘러싼 바다, 각각 색깔이 다 달랐습니다. 물결 일렁이는 파도와 더불어 서로 다른 바다색들이 조화를 이루면서 아름다움을 만들어내고 있었습니다. 그 바다를 보면서, 저 바람이 파도를 일으켜 바다를 아름답게 하는 것처럼 성령의 바람은 사람을 아름답게 함을 느꼈습니다.

구슬땀 씻어 준 너여
나무로 춤추게 하는 너여

큰 물결 일렁여 파도 만들어
산호섬 어루만지는 너여

녹색 바다 하얀 색 띄고
바람 맞는 피조물
저마다 색색 반응 보인다

주님 주신 성령 바람
저 바다 돛단배
사랑하는 주님 향해 돛을 올리고

바람의 숨결 따라
낙원 향수 피우게 하는
다정한 친구 바람

삼복더위 속에도

아주 더운 어느 날, 어떤 분이 길을 가면서

"아이, 더워서 못살겠다."고 투덜대는 걸 들었습니다.

아무리 더워도 한증막보다는 덜 할텐데 말이지요.

모두가 생각하기 나름입니다.

더위를 느낀다는 자체는 살아있다는 것입니다.

그리고 건강하게 몸의 기능이 제대로 활동하고 있다는 증거입니다.

이렇게 생각하면 오히려 더위를 느끼는 게 행복입니다.

그래서 저는 더위를 귀찮고 힘들게 생각하기보다

반대로 행복을 노래했습니다.

다니엘의 세 친구들이 들어갔던 풀무불도 무척 더웠을 것입니다.

우리가 아무리 풀무불 같은 곳에 있다 할지라도,

주님이 그곳에 함께 계시면 거기가 바로 안식의 장소입니다.

아무리 찜통더위가 온다할지라도 주 안에 있으면,

그리고 또 살아있다는 것을 느끼면 그것이 행복입니다.

구원의 확신과 살아있음을 느낀다면 이 여름에도 행복이 임할 것입니다.

태양 쏘아 내린 열기 땅 달구고

이마 송글송글 돋는 땀방울 손수건 부르는구나

어둠보다 밝음 좋고 무더위도 살아 있는 날이 좋으니

삼복 더위 속에도

주님 안에 거하니

행 복 하 구 나

포기할 수 없습니다

하루 하루 살다 보면 저 자신과의 싸움이 참 힘듭니다.

제가 하는 일이 하나님께서 기뻐하시는 일이고,

인생에서 꼭 해야 하는 일인데도 때로는 포기하고 싶을 때가 있습니다.

그럴 때마다 하나님을 의지하면서 또 다시 다짐을 합니다.

요즘 세상을 보면 부자도, 정치가도, 인기 탤런트도

생(生)을 포기하는 분들이 적지 않습니다.

그리고 가정이 해체되면서 아버지가 아버지 되기를,

어머니가 어머니 되기를 포기하는 분들이 많은데

절대 포기해서는 안됩니다.

우리의 영혼은 너무나 소중합니다.

그러므로 영혼이 잘못 되는 길로 가서는 안됩니다.

우리가 이 땅에서 사는 건 백년도 안됩니다.

이 땅에서 잘못 살면 영원한 세상에 가서 후회합니다.

그렇기 때문에 아무리 힘들어도 늘 포기하지 말자, 사람답게 살자,

그리스도인답게 살자는 각오를 합니다.

전능하신 창조주가
당신의 형상으로 나를 만드셨습니다

세상의 어느 것보다도 귀하고
아름다운 존재로 나를 지으셨습니다

물질이나 환경 때문에
나의 인생 포기할 수 없습니다

결혼 문제가 있어도
삶과 가정을 포기할 수 없습니다

그 어느 것보다
영혼의 소중함을 알기 때문입니다

어떤 환경과 핍박에도
천국을 향한 길에서 돌아설 수 없습니다

면류관 향해 달려가는 좁은 길을
포기하지 않을 것입니다

창조주의 자녀된 권세를 가지고
열심히 살 것입니다

이렇게 살리라

우리는 늘 바쁩니다. 뭔가 빨리 이루려고 하고,
남들 눈을 의식하며 생로병사에 대한 두려움에
쫓기면서 살아갑니다.
빨리 가는 것보다는 바른 길을, 남보다 앞서려고
서두르기 보다는 꾸준하고 성실하게 삶의 길을
가는 것은 어떨까요. 또한 사람을 의지의 대상 보
다는 사랑의 대상으로 알고, 누구에게 상처받고
실망했다고 주저앉지 말고 열심히 십자가 사랑
가지고 꾸준히 가는 것이 복된 길입니다.
이 고백과 각오가 있으면 시험에 들지 않습니다.
이것이 복음의 정신입니다.

열심히 하겠다는 생각 전에
바르게 행하리란 뜻 정하고
빨리 하겠다는 생각 전에
꾸준히 성실할 것을 각오하라

군중에 둘러싸여도
진리로 뿌리를 내리고
사람을 다스리는 힘보다는
내 한 몸 잘 다스리라

세상의 것 많이 취해도 만족 없고
적어도 부족함 없으니
양심의 자유 얻고
흑암의 권세 이기리라

조석으로 변하는
사람 마음에 의지하지 말고
불변한 주님 앞에 생명 토하리라

사람은 사랑의 대상이요
물질은 일용할 양식이며 족할 것
건강하면 감사하고 병들면 천국을 바라보며
이래 저래 살면서
사랑으로 고해바다 노 저어 가리라

휴가

7월 말에서 8월 초는 여름 휴가철입니다.

열심히 일한 사람들에게 휴가는 산소와 같은 것이고, 후반기를 다시 한번 보람있게 보낼 수 있도록 에너지를 충전하는 기간입니다. 그리고 가족과 함께 휴가를 보내면서 가정을 새롭게 하고 새로운 각오를 다지는 축복된 시간이라고 생각합니다. 이런 의미에서 본다면 휴가는 너무 소중합니다.

이번 여름에는, 그 의미를 한번 생각해보았으면 합니다. 그동안 너무 일에 매여 살지는 않았는지, 분수 이상으로 생각하지는 않았는지, 또 천년만년 살 것처럼 점토에 점토를 더하고 가옥에 가옥을 더하려고 애쓰지는 않았는지. 자신을 점검해보면 어떨까요.

삼복더위 찜통에 한 해의 허리띠 다시 매고
추수할 힘 얻고자 일터의 분주함 뒤로하고
가족과 함께 조용히 쉼에 안깁니다

분주히 달려오다 중요한 일 보다 바쁜 일에 매이지 않았는지
구름 위 떠있는 비행기 착륙을 잊고 있지는 않는지
종이 한 장 뒤도 못 보면서 전능한 주님처럼 행한 어리석음 없었는지

휴가 통해 자신 바로 세우고 행복의 씨 심고
온 가족 화목의 꽃 피우며 조용히 휴가기간을 맞는다

섬겨라

진정으로 다른 사람을 섬기는 것은
사람의 힘으로 할 수 있는 일이 아닙니다.
자기를 과시하지 않는 섬김은,
하나님의 은혜를 깨달을 때 가능하며
그 때 하나님의 능력이 나타납니다.

선한 사마리아인이 강도 만난 사람을 만났을 때
그 속에 있는 사랑이 밖으로 드러났습니다.
또 이스라엘 백성이 홍해를 만났을 때
하나님이 그들과 함께 하신다는 것이 나타났습니다.

부자는 가난한 사람을 통해서 나타나고
또 성공한 사람은 실패자를 통해서 보여집니다.
그러므로 힘 있고 돈 있고 좋은 환경에 있는 사람들은
그것을 자기의 능력으로 삼지 말고 가난한 사람과 병든 사람들,
약한 사람들을 섬기는데 사용해야 합니다.
섬기는 것은 굉장한 행복입니다.

가난한 사람이 오면 부유에 감사하고
보물을 하늘에 쌓으며 복 주신 이의 뜻 행할래요

실패했을 때, 건강 잃었을 때가
사랑을 입어가며 가족이 필요할 때이지요

선한 사마리아인이 강도 만난 자의 이웃으로 남았을 때 선함 증명 되고
하나님이 함께하심은 홍해를 만나 갈라짐으로 보여졌을 때이지요

사랑의 은사 주심은

사랑할 수 없는 사람, 손해 보이는 사람

짐이 되는 사람, 힘들게 하는 사람, 원수를 보내실 때이지요

힘 있고 돈 있을 때, 좋은 환경 주실 때가

원수를 사랑하고 섬길 때이지요

시작노트 # 037

통일의 날 손꼽으며

통일의 그 날을 손꼽아 기다리는 것은 우리 민족의 소원입니다.

해방을 맞이했을 때는 참 행복했는데 지금은 갈라져 분단된 조국이

굉장히 가슴 아픕니다. 지금도 저 철원 신수리,

와수리 쪽으로 가보면 고향이 빤히 바라보이는데도

철책에 가로막혀 못가는 실향민들의 아픔이 있습니다.

통일의 그날이 빨리 왔으면 좋겠습니다.

남과 북은 사상적으로 너무 멀리 있습니다.

그렇기에 믿음, 소망, 사랑으로 신앙의 통일이 먼저 오기를 바랍니다.

우리 민족은 순수하고 정이 많은 민족입니다. 그 본래의 모습으로 돌아가서

좋은 물건과 음식을 함께 하며 정을 나누는 그날을 소원합니다.

통일의 그날을 위해서 경제적으로, 영적으로 준비를 많이 해야겠습니다.

고난의 여울 해방의 그날
서러움 밀어내며 만세 만세

환희의 기쁨 속속들이 배어들고
찜통 더위도 광복으로 날려보냈던 형제야!

철책으로 막힌 길목
믿음 소망 사랑으로 열어보자

한라에서 백두까지
원없이 오가도록

동방의 예루살렘 평양에
성령의 능력으로 예배당 재건하자

동강난 허리 쇠말뚝 뽑아내고
이산의 아픔 훨훨 날려보내자

불신앙의 결박 벗고
아집 고집 던져버리고
용서와 사랑의 맘 흘리신 보혈에
속죄의 은혜 입혀보자

광복의 그날 애국애족 첫사랑
그 순수함 회복하며

백의민족 뿌리 찾아
함께 먹고 정 나누자

아! 내 동족 감싸안는 착한 가슴에
복음의 씨 심어 행복의 열매 맺어 보자

메밀꽃 피는 동심

제가 자랐던 시골에는 메밀꽃이 많이 피었습니다. 그래서 메밀꽃을 보면 동심이 떠오릅니다. 지금으로부터 28년 전, 개척교회 시절 어느 기도원에 갔을 때의 일입니다. 식사시간에 돈은 없고 그냥 먹기도 미안하고 해서 굶은 채로 뒷산에 올라갔습니다. 그곳에 어릴 적에 보았던 메밀꽃이 피어 있었습니다. 그리고 그 옆에 있던 조그만 무 하나를 뽑아 입으로 껍질을 까서 먹으며 허기진 배를 달랬습니다. 이 글을 쓰는 지금은 더이상 배고프지 않습니다. 보릿고개를 이겨내 메밀밭 옆에서 무를 뽑아 먹지 않아도 되는 현실에 감사합니다.

메밀꽃의 정경, 가난할 때의 기억들. 그 때의 추억이 참 귀하고, 또 오늘을 있게 하신 하나님 앞에 감사할 따름입니다.

뒷동산 후미진 곳 하얀 메밀꽃이 피었구나
부지런한 농부 꿀벌까지 키우니
빛바랜 흰 상자 분주히 드나들며 쉴 사이 없이 일하는구나

메밀밭은 생명 약동하고 벌통에 꿀이 쌓이는데
메밀밭 가 작은 무 뽑아 입으로 껍질 까고 허기진 배 채우니
무의 매운 맛이 배고픔에 삼켜졌구나

나 어릴 때 가난과 배고픔,
잊지 못할 추억

보리고개 넘어 오늘 이 누림은
주님이 내리신 고귀한 선물이구나

열매로 말하자

이 가을, 나무에 달린 열매를 보면서 농부를 만족시키는 아름다운 열매를 잘 맺을
때 농부가 기뻐하고 또 내년 봄에도 그 나무의 생명이 존재하겠구나 생각합니다.
나무는 열매로 평가를 받고, 사람은 그 행위로 평가를 받습니다.
그리스도의 사람들은 성령의 열매를 얼마나 맺었느냐에 따라 평가를 받습니다.

봄 햇빛 사랑 쏟아 싹 틔우고
여름 날 푸른 잎 춤추며
행복을 노래하는 나무야

가을 열매 보이라고 찬바람 섞어 부니
빨강 노랑 옷 갈아입고
한 마리 새 되어 바람 날개 달고 공중을 나는구나

열매 있는 나무 환하게 웃으나
열매 없는 나무
수치심에 얼굴 경직되는구나

오늘 따라 못생긴 포도나무
감나무에게 열매로 실력 보이는구나

주님의 백성
행복의 누림
감사의 손 모아
양볼에 보조개 머금고
사랑을 노래하는구나

추석

추석은 좋은 날입니다.

어릴 때 아무리 가난해도 이 날 만큼은 먹을 것이 풍성했습니다. 오곡백과가 무르익고 과일은 넘쳐났습니다. 송편과 보름달이 생각나고 친구들하고 즐겁게 놀았던 기억도 문득 떠오릅니다.

추석은 심는 대로 거두게 하시고 땀 흘린 만큼 얻게 하시는 하나님의 역사가 가장 잘 나타나는 기간이 아닌가 합니다. 그래서 내 생각은 뒤로 하고 언제든지 "예"와 "아멘"만을 하면서 열심히 헌신하리라는 생각으로 새로운 각오를 써내려갑니다.

오곡백과 둥글둥글하니
아낙들의 손으로 빚은 송편도 둥글구나

가난의 시련이 가을에 밀려가니
둥근 달도 검은 안개 밀어내고
둥글게 둥글게 추석을 빛내는구나

옥토의 가슴에서 태어난 알곡
농심의 즐거움 풍악을 울려대고

땀의 결실 돌려주는 주님의 은혜
피부로 느껴지는 때
심는 대로
거둔다는
주님의 음성
구구절절 진리로구나

내 생각 뒤로 하고
진리의 말씀에
예, 예만 하게 하소서

능금

가을은 제가 가장 좋아하는 계절입니다.

어릴 때 가마 타고 시집가는 새색시를 본 적이 있습니다. 어린 마음에 신기해서 가마 안을 살짝 들여다보니 신부의 양쪽 볼이 빨갛게 칠해져 있었습니다. 그 인상이 아직까지도 제게 남아 있습니다. 그래서 이 시에서는 가을이 익어가는 모습을 신랑을 맞으러 가는 새색시의 볼에 빗대어 그려보았습니다. 가을햇살에 빨갛게 익어가는 사과를 보면 그 때 가마 타고 오던 새색시의 얼굴이 떠오릅니다.

가을 바람에 일렁이는

포플러잎 사이로

하늘이 보인다

구름은 저 하늘만큼 높고

환한 얼굴 태양 빛에

과수원의 능금

가마 탄 새색시 볼연지처럼

빨간 빛으로 웃음 짓는다

열매 있는 나무의 가을은

자랑과 보람의 계절이어라

님의 가슴으로
세상을 보노라

제가 이곳 군포에서 목회를 시작한 후 벌써 강산
이 세 번이나 변했습니다.

그 동안 수없이 많은 사람을 만났습니다. 때로 저
를 울게 했던 사람도 있었고, 웃게 했던 사람도
있었습니다. 사랑하는 이들과 함께 손 모아 기도
하며 예배당을 건축하고 선교하며 행복했던 시절
이 있었습니다.

목회를 하는 동안 만난 모든 사람과 환경은 하나
님께서 제게 주신 선물이었습니다. 당시는 힘들
고 고달프기도 했지만 지나고 보니 하나도 버릴
것이 없었습니다. 그 과정 속에서 하나님께 영광
을 돌릴 수 있는 환경이 만들어졌기 때문입니다.
하나님이 주시는 환경은 참 아름다와서 범사에
감사만 있습니다.

태양이 동녘에 솟으면
사명 분주히 감당하고

저녁 노을 붉게 물들면
하루 추억을 돌아보며
휴식의 잠을 준비하리라

가는 세월 따라 변화하는 모든 것
당연히 받으리라

악한 사람 만나 고통 오면
주님 생각하면서 성화 이루고

충성된 사람 만나면
함께 구원 사역 이루며
주님의 은혜 찬양하리라

이래도 저래도 좋은 것
주위 환경 잘못 되어 손해 보는 듯해도
주위 실력도 내 실력이니
원망하지 말자
혼자인 것보다 행복하리라

범사에 감사하며
모두와 함께 동행하리라

갈릴레에서

수년 전에 갈릴리회 회원 목사님들과 함께 성지답사 차
이스라엘 갈릴리에 간 적이 있습니다.
배 한 척을 빌려 그 분들과 함께 기도하고 찬송하면서
갈릴리 호수를 건너갔습니다.
함께 동행했던 분들의 찬송과 기도가 너무 간절해서
주님께서 물 위로 걸어오시는 모습이 머리 속에 그려졌고,
마치 주님이 당장이라도 그 곳에 오실 것 같은 느낌이었습니다.
이 시는 제가 사랑하는 시 중 하나로, 그때의 감동을 전합니다.

사랑을 입은 이들
갈릴리 호수에 가지런히 배 띄워

"나를 따라 오라 내가 너희를 사람 낚는 어부가 되게 하리라"

주의 음성
사랑의 가슴에 배어 들고
물 위로 걸어 다가오신 주님의 얼굴처럼
행복에 젖는구나

물의 다정함에
신령한 형제부부들
배에 몸 실으니
갈매기 공중에 날리운다

선상의 기도
주님의 가슴으로 사랑 잉태하고
선상의 찬양
하늘로 피어 오르는구나

"나를 사랑하느냐?"

물 앞에 죄인된 자신의 모습
더 확인되니
회개의 눈물
코 밑에 묻어나는구나

갈릴리에 오신
주님의 섭리 깨닫고
감사의 머리 조아리며
갈릴리 호수 배 따라
주님의 길 가는구나

"내가 너희를 사람 낚는 어부가 되게 하리라"

억새풀

늦가을, 강가나 산에 바람이 사악 불어오면 억새
풀이 흰 옷을 갈아입고 하얀 머리를 흔들며 서있
는 모습을 봅니다. 마치 노년의 어르신들을 보는
것 같습니다.

그런데 봄이 오면 겨울 비바람 눈서리를 다 이겨
낸 억새풀 밑에서 파랗게 새싹이 돋아납니다. 그
광경을 보면 봄을 기다리며 추운 겨울을 이겨낸
뿌리 속 생명력을 느낍니다.

하얗게 빛바랜 억새풀 속 보이지 않는 새싹은, 우
리의 육체는 늙고 병들고 쇠하지만 영혼은 새로
운 세계, 천국을 맞이할 것임을 기대하게 합니다.
억새풀을 보며 인생의 노년 속에 그리운 꿈도 피
어났습니다.

가을 지나 겨울의 문턱, 스산한 바람결
하얀 억새풀의 몸짓을 보라
강바닥 깊이 뿌리 내려 물 정화시키는 억새풀

생명을 토해내며 봄 여름
아름다움으로 보내고

겨울 들녘의 허전함 마저 느끼나
새싹 틔워내는 봄바람 불어오면
또 한번 승리를 꿈꾸는 억새풀

아! 인생의 여정에 희로애락의 띠를 넘어
석양의 노을 빛 화려함 보이는 동산에 올라

영혼의 낙 누릴
길 진리 생명 그분의 품에서
오늘도 사랑 호흡으로
행복을 노래하는
억새풀이 되기를.

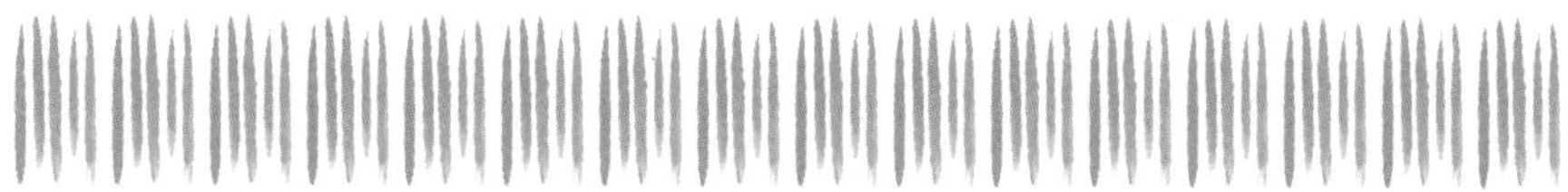

남은 날

제 나이가 육십이 넘었고, 군포에 와서 목회한 지는 올해로 33년째입니다.

짧다면 짧고 길다면 긴 세월을 살아오면서

'다음기회에 하겠다'는 사람들 가운데 그 일을 이루는 사람들은

거의 보지 못했습니다. 생활이 안정되면 효도하겠다,

이 일만 끝나면 신앙생활 잘하겠다, 경제적으로 넉넉하면

나눔과 섬김을 실천하겠다, 라고들 하는데 잘 행하지 못하더라구요.

그것을 보면서 인생이란 다 미완성의 작품을 남기고 가는 것이라는

생각을 했습니다. 저 역시 마찬가지입니다.

할 일은 많은데 다 하고 가지 못하는 것이 인생인 것 같습니다.

그러나 나이가 60세, 70세라고 해서 좌절할 것은 없습니다.

모세는 80세에 이스라엘의 지도자로 하나님께 부름을 받았습니다.

나이를 생각하지 않고 열심히 사는 것이 택한 백성이 살아야할 믿음의 삶입니다.

남은 날들 아름답게 한번 살아봅시다.

정신 없이 살아온 세월
무엇을 위해 그토록 분주히 살아왔는가

바다 보이는 곳에서
지난 날을 회상한다

인생이 무엇인가
지금 내가 바르게 살고 있는가

오직 한 길만을 달려오다
더 이상 달릴 수 없어 후미진 곳 바람 피해 낙엽처럼 누워 있자니
세파에 지친 성도들의 모습이 눈에 아른거린다

그러나 일어날 수도 없고
다가갈 수도 없다

우는 아이를 두고 떠나야만 하는 부모
미완성의 작품을 두고
떠나야만 하는 작가처럼
꿈을 이루지 못하고
중단하는 인생이 있음을 깨닫는다

아무도 없는 산기슭에
외롭게 장사된 부모님 떠올리며
남은 날 주님의 나라 입성 기다리며

은혜를 소원하고
노후에 모세를 백성의 지도자 삼으신
주님의 능력 믿으며
회복의 은총을 소원하며

믿음으로 일어선다

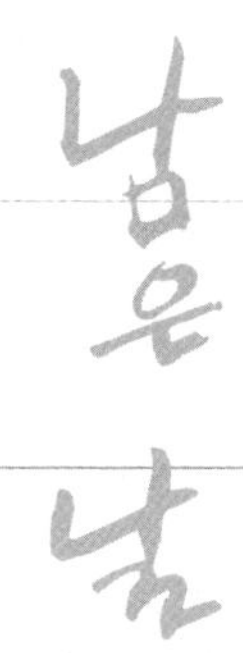

불타는 산

우리 나라의 산악은 참 아름답습니다.

만추(晩秋)의 어느 날, 발 밑에서 바스락거리는 낙엽의 신음 소리를 들으며 산에 오르고 있었습니다. 파란 하늘에는 하얀 구름이 둥실둥실 떠가고, 산은 단풍으로 불 붙은 것 같은데 연기는 나지 않고 밝은 빛만 환하게 발하고 있었습니다.

그런데 갑자기 다람쥐 한 마리가 나타나 바위 위에 올라가 앞발을 비비면서 제게 뭔가 말하려는 것 같았습니다. 주위를 보니 건너편에 연세 많으신 어르신 두 분이 도토리를 줍고 있었습니다. 그 분들과 다람쥐를 번갈아 보다보니 다람쥐의 음성이 들리는 듯 했습니다.

"아저씨, 저 분들한테 얘기해서 우리의 겨울 양식 더 이상 가져가지 않게 해주세요."

산이 불탄다
구름 춤춘다
불꽃 만발 하니
푸른 하늘 높이

산이 불 탄다
연기 없이 훨훨 탄다
재 한줌 없이
낙엽 뿌리 덮는다

불타는 숲속 조용히 걷자니
발 밑 바스락 거리는 낙엽들 속삭임
깊이 잠든 시심을 깨운다

참나무 밑 오가는 다람쥐
"길손 아저씨!
도토리알 주워가는 할매들 말려 주세요!"
작은 바위 성큼 올라
두 손 비비며 애원한다

불타는 산
낙엽지고 눈 꽃 만개할 때
추위 이기려 더욱 불태우며
열을 저장하는구나

추수감사

추수감사절은 열매와 결실을 통하여 얻어지는 기쁨으로 하나님께 영광을 돌리는 날입니다.

하나님께서는 모든 만물을 창조하셨을 뿐만 아니라 열매를 생산토록 하셔서 우리가 이 땅에서 살아가는데 아무 부족함이 없게 하셨습니다. 우리 하나님은 정말 사랑이 많으신 분입니다. 그래서 추수감사절에 우리는 사랑의 하나님께 감사의 예배를 드리며 베풀어 주신 은혜를 다시 한번 생각합니다.

"그는 시냇가에 심은 나무가 철을 따라 열매를 맺으며 그 잎사귀가 마르지 아니함 같으니"(시1:3)

사람의 가장 아름다운 덕목은 감사입니다. 부모에게, 부부간에, 자녀에게, 이웃에게, 서로에게 감사하는 것은 참 아름답습니다. 수확을 주신 하나님께 감사하며 예배드리는 것은 인생 최고의 기쁨이고 누림입니다.

감사하고 기뻐하는 자에게 하나님께서는 햇빛과 비를 주셔서 올해 뿐 아니라 내년에도 큰 복을 내리실 것입니다.

행복한 당신
열매 맺을 수 있는 실력 있고
열매 기대하는 주님 만족시키니
감사의 조건 넘치는구나

추수할 때 환하게 웃을 수 있는
행복한 마음이 있어 좋구나

구원 열매 맺는
십자가 사랑
인내 용서 사랑 섬김
헌신의 열매 가득하니
주님 앞에 큰 상급 받겠구나

물가에 심기운 나무 되어
시절 좇아 과실 맺으니
너 는 행 복 자 로 다

우리의 가슴 깊이
성령 열매 주렁주렁
감사 열매 만개하도록
모두가 헌신의 열매 맺어보자

당신의 존재

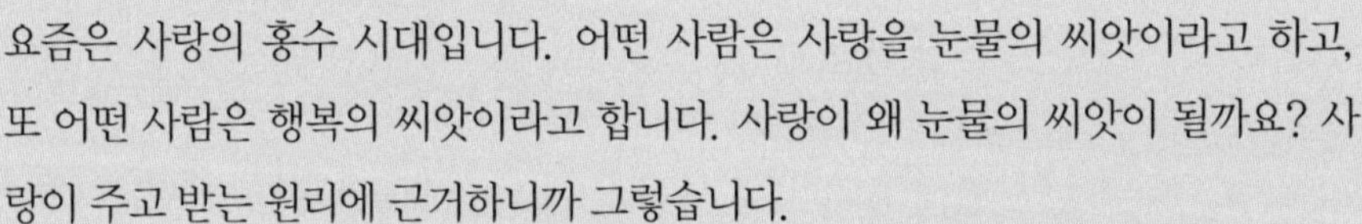

요즘은 사랑의 홍수 시대입니다. 어떤 사람은 사랑을 눈물의 씨앗이라고 하고, 또 어떤 사람은 행복의 씨앗이라고 합니다. 사랑이 왜 눈물의 씨앗이 될까요? 사랑이 주고 받는 원리에 근거하니까 그렇습니다.

진정한 그리스도인의 사랑은 예수님을 닮은 사랑입니다. 내 곁을 떠나는 것이 그에게 행복이라면 기쁘게 보내줄 수 있어야 합니다. 혹여나 그가 곁에 있는 것이 내 인생에 유익이 되지 않는다 생각할지라도 그를 사랑할 수 있어야 합니다. 그의 존재 자체에 행복을 느끼는 것이 진정한 그리스도인의 사랑입니다.

당신을 만나도
동행하고 싶고
보고 있어도
보고 싶고
가진 것 주어도 주어도 더 주고 싶습니다

함께하면 평안하고
떨어지면 허전하고
맛있는 음식 있으면
어김없이 생각나는 걸 보니
당신을 무척이나 사랑하나 봅니다

당신의 존재만으로
행복한 걸 보니
참으로 당신을 사랑하나 봅니다

주님이 부어 주신
사랑의 성령 임한 후
가난한 당신
병든 당신
짐이 될 법한 당신도
주님의 은혜로
나의 기쁨과 행복의 씨가 되었습니다

반석 위

저희 집은 산 밑에 있습니다. 어느 날엔 산에 봄이 와서 앉아 있고, 또 얼마가 지나면 여름이 와서 온 산을 휘어감고, 또 조금 더 지나면 가을이 되어 단풍이 물들어 있고 또 지나면 겨울이 되어 하얀 눈꽃이 피어있는 것을 보게 됩니다. 한 자리에서 사계절을 느낍니다.

사계절에 느끼는 감정은 때마다 차이가 있습니다. 바다도 그렇습니다. 언젠가 바닷가에서 며칠을 거했는데 바람의 흐름에 따라 파도가 치기도 하고 잔잔하기도 해서 도저히 그 변덕에는 마음을 맞출 수가 없었습니다.

그런데 가장 마음의 안정이 되는 곳을 생각했더니 바위였습니다. 바위에 걸터앉아 기도할 때면 봄, 여름, 가을, 겨울 아무 때든지 안정적으로 그 자리를 지키고 있는 바위의 모습은 언제나 늠름했습니다.

'반석위에 교회를 세우리니' 라고 하셨던 예수님의 말씀을 깊이 생각합니다. 우리도 바위처럼 환경과 세속의 바람에도 변치 않고, 든든히 그리스도의 모습을 본받아 살아간다면 착하고 충성된 종이 될 것이라 믿습니다.

산을 보면 일 년 크게 사계절
느낌이 달라지는 내 나라 대한이 좋아요

바다를 보면 하루도 같은 날 없어
기쁨과 슬픔 가슴 뒤범벅 되네요

작은 가슴으로 바다의 뛰노는 모습 감당할 길 없어

숲속에 숨겨진 반석, 변함없는 표정
눈서리 폭풍우 속에도 안정 평안 주는 반석 위에

나의 삶의 집을 짓고
평강의 맘 소망의 샘 터져 사랑을 노래해요

하늘땅축제

성탄절은 전 인류가 기뻐하는 좋은 날입니다.

하나님의 은혜가 성탄을 맞아 여러분의 가정에 충만하길 바랍니다. 얼마전에 군대가는 아들을 배웅하러 가면서 어머니 아버지가 눈물을 흘리는 것을 보았습니다.

3년 정도 아들을 군대에 보내면서도 눈물을 흘리는데 독생 성자를 보내어 베들레헴 말구유에서 탄생하게 하고 구원을 위해 헌신케 하신 하나님의 마음은 어떠셨을까요! 즐겁고 좋은 날 뿐 아니라 하나님의 마음을 한번쯤 생각해보는 성탄이 되었으면 좋겠습니다. 천군과 천사의 조화, 목자와 동방박사의 조화, 하늘과 땅의 축제 이 모든 것은 하나님께서 우리에게 주신 최고의 선물입니다.

검은 화선지에 별빛 흐르니
동방박사 맘 사로잡혀
발걸음 산 넘고 물 건너는구나

아기예수 누우신 구유
천사 찬송 기쁨의 가슴
생수되어 반석 위로 터지는구나

오! 사 랑 의 주 님 오 신 날

빨간 가슴 부풀어
주님 나리우신 사랑의 강
헤엄치는 성탄되는구나

베들레헴아! 아기 예수 나실 곳 제공할 둥지 없었더냐
칠흑빛 맘 가리워 세상의 빛 모르는구나

사랑하는 자야!
하늘 땅 축제하며 주님 경배하는 소리

"하나님께 영광이요 땅에서는
하나님이 기뻐하신 사람들 중에 평화로다"

주님의 백성 모인 곳
님의 은총 임하는 해 되었구나

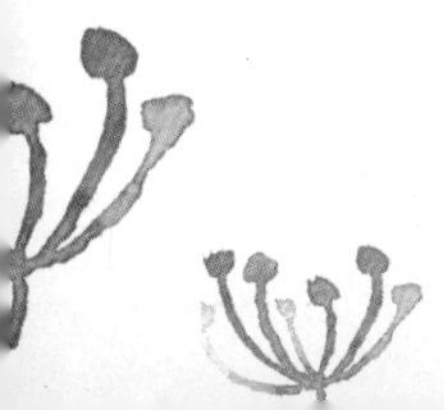

사랑의 꽃

살다보면 처음 만나는 사람들과는 데면데면 합니다. 그러나 예수님 안에서의 사랑이 이루어지면 언제든지 그 사람이 보고 싶고 그 사람의 빈 자리가 허전합니다.

성도들과 함께 세상을 아름답게 만들어보자, 바꾸어 보자는 소원이 돋아나면서부터는 더욱 제 안에 그리움이 짙어졌습니다.

가족들과 헤어지면 보고 싶고 빨리 집에 돌아오고 싶은 것처럼 말입니다.

저는 신령한 가족인 성도들이 보고싶어서 늘 주일이 기다려지고 성도들이 기다려집니다.

눈에 핀 사랑의 꽃 시들기 쉽고
입술에 핀 사랑의 꽃 변질되기 쉬우나

가슴에 핀 사랑의 꽃 시들지 않고
십자가에 핀 사랑의 꽃 영원 불변하지요

주님의 은혜로 맺어진 만남
사랑 돌봄 진리
가슴에 사랑 꽃 피워

당신과 함께
행복 꽃
피우리라

2010

숲처럼 솔직하리라

052~095

질그릇에 담은 보배

하나님이 빚으신 사람의 형상을 성경에서는 질그릇에 비유
합니다. 사람들 중에는 그 질그릇을 의지하며 사는 사람이
있고 질그릇 속에 들어있는 보배를 의지하고 사는 사람이
있습니다. 저도 목회하면서 질그릇에 한계가 왔을 때가 있
었습니다. 힘이 없어 쓰러져 있을 때, 하나님께서는 보배로
주신 영혼의 실력으로 질그릇에 담긴 좌절과 실망을 극복
하고 일어서게 하셨습니다.
현실이나 나의 육성을 따라 살다가 넘어졌을 땐 내 의지로
일어날 수 없었습니다. 순수한 희망을 가지고 주님을, 성령
님을 의지할 때 일어설 수 있음을 체험했습니다.
저는 비록 질그릇처럼 흔하고 힘이 없지만 보배를 담고 있
어 오늘도 밤을 이기고 병을 이기고 살아 갑니다.

하얀 눈 하늘 맘 온 대지 덮는 때
주님의 형상 닮은 이들 노동의 신성함 가슴에 심었구나

일하기 싫어하면 먹지도 말라는 주님의 음성 듣고
둔한 손 모아 모아서 아름다움을 자아냈구나

낮을 밤처럼 평지를 돌밭처럼 삶을 짐처럼 느낄 때도
질그릇에 보배 있으므로 밤에도 낙원의 빛보고
장애의 짐 천국 징검다리 되어 행복을 노래하는구나

장하다 너여!
연약의 씨 주님의 나라 상급되었구나

처음은 미약하나 나중에는 창대하기를 소원하누나.

동심의 겨울

나이가 들면 들수록 겨울을 맞이하는 자세가 참 다릅니다.
동심의 때에는 겨울에 눈이 오면 좋아서 눈밭을 뛰고 눈사
람도 만들고 눈싸움도 했던 기억이 있습니다. 눈이 녹아 내
려 고드름이 주렁주렁 달리면 그것을 따서 입에 물고 좋아
했던 모습도 생생합니다.

온 동네에 새 떼가 날아다닐 때는 그물을 쳐서 새도 잡고,
토끼도 잡고, 꿩도 잡았더랬습니다. 또 동구 밖에 나가면 양
지바른 곳에 걸인들이 앉아서 속옷을 비집고 이를 잡던 모
습도 기억이 납니다.

사람은 참 자연 속에 거할 때 겨울을 더욱 선명하게 느끼는
것 같습니다. 그래서 오늘은 자연 그대로였던 동심의 겨울
을 추억하면서 글을 써보았습니다.

동심의 겨울을 추억한다

추녀 고드름
지붕 군데군데 흰 눈
동녘에 햇빛 비추니

눈은 물이 되어
고드름 타고 흐르고
양지바른 담장 밑에는
걸인 속옷 비집고 이를 잡는다

참새 떼 시골동리 누비니
새 그물치고 걸려들길 원하는
한 노파의 토끼털 귀마개가 인상적이다

아, 겨울은
인생의 삶을
더욱 의미있게 하는 계절임을
산 자는 안다

겨울 나무의 노래

제가 사는 동네의 뒷산 이름은 수리산입니다.

아침이면 아내와 함께 산에 올라가곤 하는데 어느 날 숲 속에서 노랫소리가 들렸습니다. 다시 한번 숨 죽여 들어보니 바람이 숲속가슴을 파고들면서 윙~ 하는 소리였습니다. 그 소리가 마치 '나는 꿈이 있고 행복해요' 라고 노래하는 것 같았습니다.

겨울의 나무는 눈이 올 때면 하얀 드레스를 입은 것처럼 자기를 뽐내면서 추운 겨울도 아름답게 잘 보냅니다. 이처럼 꿈이 있는 사람은 겨울에도 행복을 노래합니다.

찬바람 숲 속 가슴 배어들 때
밭 기슭에 심기운
감나무의 노래를 듣습니다

난 꿈이 있어요
난 행복해요

봄은 나무 뿌리 베고
흙 속에 잠들고
여름은 낙엽 안고
바람 날개 달고 날아가나
가을은 열매 속 둥지 틀고
곳간에 안식하지요

그러나 찬바람에 윙 소리내고
하얀 눈 길쌈해 입은 소복
칼바람 시리고 아파도
나의 꿈 나의 행복 빼앗을 수 없음은
뿌리 베고 자는 봄
잠 깰 소망 있어
겨울의 고통 깊어질수록
감사의 노래 더 크게 불러봅니다.

바람이 불고 있다

바람은 다 같은 바람인 것 같지만 계절에 따라서 느낌도 다르고 하는 일
도 다릅니다. 바람 중에는 찬바람도 있고 따스한 바람도 있지요.

봄바람은 잎을 돋우고 꽃을 피웁니다. 여름의 바람은 따스함을 대지로
나르고, 일하는 농부의 땀을 식히고 나무를 춤추게 합니다. 또 가을의 바
람은 낙엽을 먼 곳으로 새처럼 날아가게 하고 겨울이면 앙상한 나무 가
지를 물고 휘파람을 붑니다.

우리는 사람들에게 겨울에 부는 차고 서늘한 바람보다

따뜻한 봄바람같은 마음으로 다가가면 어떨까요.

따뜻한 바람을 나르는 그 마음을 함께 가져보면 좋겠습니다.

산악에 바람이 불고 있다

봄바람은 잎과 꽃에 불어 넣고

여름바람은 나무를 춤추게 하더니

이제 겨울바람은

나뭇가지 입에 물고 윙윙 휘파람을 불고 있다

여름바람은 기다려지나

겨울바람은 피하고 싶구나

찬 마음으로 다가오는 그 무엇도 피하고 싶겠구나

마음이 따뜻해야

공기와 바람도

행복을 돕는 전령이 되겠구나

너의 새날을 위하여

새날은 새사람에게 소망의 날입니다.

누군가는 자신을 사랑하며 가는 것이 인생이라 합니다. 그렇다면 새사람에게 자신을 사랑하는 길은 십자가를 지고 가는 길일 것입니다. 그 길에 예수님이 함께 계시기 때문입니다.

영원한 새날을 위해서는 많이 소유하고, 많이 배우고, 많은 공로를 세우는 것보다 하나님이 원하시는 삶을 사는 것이 가장 지혜로운 결단입니다.

그것이 자신을 가장 사랑하는 길입니다.

사랑의 음성은 온전한 십자가의 사랑
진리를 분별하는 것이란다

좌우로 실패의 늪 유혹하여도
순종하며 경배하는 아침을 맞이하면

하나님을 섬김이 너무도 감사하여
사람은 사랑의 대상으로
물질을 사용하는 종의 겸손함으로
주님의 거룩한 성품을 본받아 온몸을 맡기라

또다시 피어날
너의 새날을 위하여

오늘도
택한 백성의 반열에서

하나님이 택함 받은 우리를 보호하는 방법은 꼭 우리 어머님이 어린 나를 보호하는 방법 같았습니다. 온 동네를 돌아다니며 장난치다 얼굴을 검게 하고 들어오면 직접 세수를 시키시는데 내가 생각했던 방법이 아니라 어머니의 의도대로, 콧물이 나면 코를 팽 소리나게 비틀어서라도 깨끗하게 씻어주셨습니다. 알고보니 그것이 어머니 방법대로 나를 깨끗하게 하는 사랑이었습니다.

그런 것처럼 하나님은 우리를 택하여 부르셨습니다. 나는 편하고 싶고, 부하고 싶고, 높아지고 싶고, 건강하고 싶습니다. 그러나 하나님은 내 소원대로 해주지 않으시고 여러 가지 연단을 통해서 거룩하게 만들고, 하늘의 소망을 가지게 하고, 모든 현상을 긍정적으로 보게 하는 눈을 갖게 하셨습니다. 이제는 하나님 뜻대로의 사랑을 알기 때문에 범사에 감사할 수 있습니다.

택한 백성의 누림이 얼마나 귀한지요.

주님이 내 부르짖음에 답했습니다
어릴 때 어머니처럼
내 필요 채워주신 주님

큰 사랑 깊고 넓고 오묘해
심령과 폐부(肺腑) 속속들이 아름답습니다
땅의 부 가지면 영원 손해보니
지금은 안된다고 응답하신 주님

오늘은 때가 아니니
기다리라 감동하시네요

주님의 뜻대로 그 나라와 의
구원 성화 목적 삼고 구하니
형통 주셨습니다

열린 하늘 문
나의 소원 마음의 길 되어
좌절 낙심 실패의 늪 탈출구
말씀 기도 순종의 삶 동행
행복을 만들어갑니다

시작노트 # 058

내 집뿐

사람은 누구나 쉼이 필요합니다.

예수님도 제자들에게 한적한 곳에 잠깐 가서 쉬라고 말씀하신 적이 있습니다.

저도 어느 해인가 조용한 곳으로 여행을 떠나 쉼을 청할 때였습니다. 눈이 많이
온다는 소식을 듣고 오는 길이 막힐까봐 하루 전에 출발을 했습니다.

눈길을 헤치고 오는 길엔, 눈이 너무 많이 와서 앞이 안보일 정도였는데 그 험난
한 과정을 거쳐 집에 들어오니까 너무 행복했습니다. 다들 여행이 좋다고 하지만
내 집만 못하더라구요.

우리는 이 땅에서 즐겁게 살고 건강하게 장수하기 위해 치열하게 살아갑니다.

때로는 쉼을 위해 좋은 곳으로 여행을 떠납니다. 그러나 내 가정만큼 편안한 곳은
없음을 느끼며 하나님이 예비하신 본향 그 나라는 얼마나 좋을까 생각했습니다.

첫 눈이 오는 밤길
내일 결혼식 주례로 눈에 길이 막힐까 눈발에 쫓겨
하룻밤 반납하고 밤 열시에 콘도를 출발한다

검은 천에 하얀 무늬 드레스가 바람결에 한들거린다
눈을 부릅뜬 차는 헐떡이며 눈 내리는 도로를 달린다
자동으로 놓인 와이퍼는 운전수의 앞 눈 열어준다

집에 도착하니 행복하고 평안하다

여행은 좋으나 평안은 내 집 뿐이니
고해바다 조각배 된 인생
참 평안의 그 장소는 조물주가 예비한
그 낙원

생사의 아픔없는 곳임을 믿어
노년동산 넘어 갈 곳 기대되는구나

빛 향기

어둠을 체험한 사람은 빛에 대한 사랑이 큽니다.
올해는 눈꽃이 많이 피었더라구요. 눈꽃 속에서는 항상 기대하게
되는 것이 봄꽃입니다. 봄꽃은 화려해서 그 빛을 보면 마음이 동하
고, 새봄을 더 큰 기대로 맞이하게 됩니다. 봄의 문턱에서 아지랑
이처럼 피어오르는 빛을 기다리면서 봄꽃과 봄빛을 사랑하는 마음
을 이 시에 담았습니다. 여러분도 함께 봄꽃의 아름다움을 느끼며
행복해지면 좋겠습니다.

눈꽃 살며시 사라진 곳
소망의 꽃 송이송이 만개하고
꽃 빛 향기 행복과 감사 품어 온 맘 휘어 감으며
지화자 춤추게 하는구나

고난의 태양 서산 너머 숨고
믿음 소망 사랑 안은 태양
부스스 일어난다

희망의 새 봄 타고
처음사랑 돋아나니
당신아!
너도 사랑 여울에 곱게 핀
한 송이가 되고 싶구나

만남

행복의 첫 단추는 만남입니다. 저는 병을 앓다가 예수님을 만나고 아픔에서 해방되었고 하나님의 말씀인 성경을 만나 바른 지식을 갖게 되었습니다. 그리고 제 아내를 만나고 행복과 사랑을 키워 올 수 있었습니다.

사람은 육적으로, 영적으로, 사회적으로 누구를 만나느냐에 따라 행복이 좌우됨을 알았습니다. 성경에 보면 예수님을 만난 모든 사람들이 행복해졌습니다. 그래서 우리는 기도할 때 늘 "하나님, 좋은 사람 만나게 해 주세요" 라고 기도하게 됩니다.

그만큼 만남은 소중합니다.

만남이
행복의 씨 되도록
빛 속에 거하고

동행이
사랑노래 되도록
좁은 길 걸어요

만남이 부담되고
동행이 고통되는
어둠의 만남 없도록
현재를 만든 과거를 보아요

영원히 누릴 저 천국을
진리의 안약 넣어 밝히 보고
행복한 만남 통해 이루어지는
그 큰 사랑을 꿈꾸어 보아요

고난주간에

고난주간에는 두 가지의 아픔이 있습니다.

하나님의 아픔과, 예수님의 아픔입니다.

"엘리 엘리 라마 사박다니"

하나님은 고통에 부르짖는 아들의 음성을 들으셨지만 사람을 향한 사랑을 이 땅에 꽃피우셨습니다. 이를 보면 하나님이 우리를 얼마나 사랑하시는지 깨닫습니다.

하나님은 아픔을 사랑으로 극복하시고 예수님은 아픔을 순종으로 극복하셨습니다. 고난주간에는 하나님의 사랑과 예수님의 순종이 승리하고, 마귀는 실패합니다. 그리고 우리에게는 구원과 행복이 하나님의 선물로 주어집니다.

고난주간을 맞아 다시 뜨거운 감사를 올립니다.

십자가 밑에서 감사의 눈물 흘린다오

천지를 창조하신 전능하신 아버지
하나밖에 없는 아들을
이 세상에 보내신 목적이 어디 있나요

온 세상 주인되신 아버지
그의 아들 십자가 형벌 받게 하심은
무엇을 이루려 하심인가요

사랑이 충만한 아버지를 향한
아들의 울부짖음
엘리 엘리 라마 사박다니
나의 하나님, 나의 하나님
어찌하여 나를 버리시나이까
이 애타는 절규를 듣고
침묵하신 이유는 무엇인가요

새 하늘 아래서 누림을 준비하신 아버지
님의 나라에 죄인들 오게 하시려
독생자의 피 뿌려 오솔길 만드심 감사해
십자가 밑에서 감사의 눈물 흘린다오

죄인을 살리려 독생자 주신 아버지
그 뜻 앞에 무릎 조아리며
날로 후패해가는 몸에
교회 위해 고난 채우고
진리로 자유 얻은 영원의 누림 위해
일사의 각오로 살아가렵니다

십자가 위에 핀 사랑

예수님의 십자가에는 많은 의미의 꽃이 피었습니다.
세상을 이처럼 사랑하사 독생자를 주신 하나님의 헌신과 희생이 있고 또 예수님
의 순종이 있고 십자가에 흘린 보혈피로 구속받은 축복이 그 곳에 있습니다.
십자가 위에서 핀 꽃은 사망의 권세를 이기는 큰 능력이 있습니다. 다른 사람들이
보기엔 형틀로 보이지만 믿음의 사람의 눈에는 부활로 이어지는 길목이요, 하나
님의 사랑이 피어나는 아름다운 장소로 보입니다.
그래서 십자가의 고통은 십자가에서 피어난 예수님의 사랑입니다.

죄와 허물로 죽어
지옥 형벌 보응받아
영원히 불행 당함 보고
전능자의 큰 사랑
십자가 위 구원 꽃 피우셨네요

피와 물 쏟고 쏟아
죽은 영혼 살려내어
낙원 소속 입혔어요

박해바람 불어오면
아름다운 샘 더하고
십자가 달려 님의 뜻 이루고
죽어 장사되어도
시공초월 부활로 행복을 길쌈해요

희망 승리 기쁨이
십자가에 핀
영원히 시들지 않는
부활꽃을 만개해요

오늘보다 내일이 행복하다

여느 날의 대로변, 쭉 뻗은 길가로 사람들이 지나다닙니다. 자세히 보니, 꽃길을 걸어가면서도 울상인 사람이 있고, 출산의 고통이 임박했어도 웃는 얼굴로 산부인과에 들어가는 사람이 있습니다. 진정 행복한 웃음을 짓는 사람은 현재보다 미래의 행복을 기대하는 사람입니다.

씨가 땅에 심겨져 썩으면서도 소망을 주는 것은 싹을 기대하기 때문입니다. 오늘보다 내일이 더 행복함을 기대할 때 모두가 웃을 수 있습니다. 바울 사도가 감옥에서도 범사에 감사하고 기도하며 기뻐한 것은 천국에 대한 기대가 있었기 때문이었습니다. 참으로 그는 행복한 사람이었습니다.

오늘보다 내일이 행복하다고
믿어지는 건 주님의 은혜

동 터오는 새벽 노래
눈부신 기도되어
새 생명 아침을 맞는다

쇠하고 무너지는 작은 씨 속에
영원 생명 키워가니
유한 속에서 피어나는 무한의 생
빛바랜 잔디 속 파란 싹이어라

행복한 너여
날마다 주님의 은총 노래하리라

행복한 이들아

겉사람은 후패하나 속사람은 날마다 새로워진다는 말씀이 있습니다.
나이가 들수록 겉모습은 늙고 병들어 슬퍼 보여도, 날로 새로워지는 영혼이
있습니다. 살수록 행복해지는 것이 그리스도 안에 있는 사람들입니다.
헛된 것을 위한 수고 없이 하나님 나라의 부름의 상급을 위해서 사는 사람들
은 사는 날만큼 상급이 하나님 나라에 쌓입니다. 매일 성화되어서 더 행복해
집니다. 사람들은 늙고 병드는 것이 두렵지만 믿음을 가질수록 예수님 만날
날과 천국을 기다리며 내일을 기대합니다.
날마다 행복해지는 비결은 바로 우리의 왕 되시고 주인 되시는 그분의 품에
안기는 것입니다.
내일 더 행복해지길 소원하는 마음을 담아 사랑하는 이들을 불러봅니다.
행복한 이들아!

살수록 행복해짐은
오늘보다 내일이 더 좋아진다는 믿음의 열매입니다

농부의 씨뿌림의 수고도 마냥 즐거움은
심는 것마다 풍성한 열매로 돌려주심 알기 때문입니다

반석 위 세워진 교회 음부의 권세 이기지 못하니
님의 품은 나의 요새요, 만민이 기도하는 집은 안식처입니다

열린 하늘 길 가는 구원 받은 님의 지체들, 충성되이 여김 받았으니
분초를 아껴 빛 소금 영광을 님께 돌립니다

꽃의 향연

우리는 사계절이 있는 행복한 나라에 살고 있습니다. 사계절 동안 아름다운 꽃들이 계속 피어납니다.

봄에는 개나리와 진달래, 여름에는 장미, 가을에는 코스모스가 피고 겨울의 눈꽃이 살며시 녹으면 다시 봄꽃이 돋아납니다.

봄꽃은 참 성급합니다. 푸른 잎 옷도 입지 않은 채 알몸으로 나와서 사람들과 하나님께 바치는 꽃다발이 됩니다. 이 봄, 꽃의 향기가 가득한 향연이 확 울러 퍼집니다.

봄 마중 나온 벚꽃
알몸에 든 하얀 꽃다발

봄비에 꽃잎 지고
파란 옷 입어 가는구나

봄 앞에 꽃잎 뿌리니
아지랑이 응답하며
생명 이고 달려 오는구나

개나리의 부채 춤
진달래의 빨간 가슴
목련의 만세소리

신비의 조화가
길손의 마음 밭에
시심을 심는구나

어린이 주일에

자녀는 하나님이 주신 기업이고 태의 열매는 그의 상급입
니다. 하나님은 사람에게 자녀를 잉태하고 해산하는 수고
를 주셨지만 자녀를 안으면 행복해지는 마음도 함께 주셨
습니다. 그래서 생명을 보호하고 행복을 지키려는 모성애
는 참 귀합니다. 그런데 요즘에는 많은 사람들이 자녀를 낳
는 것을 고민합니다. 참 큰일입니다. 그러나 자녀는 하나님
의 선물입니다. 생육하고 번성하라는 하나님의 말씀은 축
복입니다. 그 말씀을 다시 한번 가슴에 새기고 순종하면 대
대로 복을 받으리라 믿습니다. 자녀는 행복의 씨입니다.

전능자 섭리 속 불타는 사랑
대롱대롱 열매되어 온 가정 달렸네요

뼈와 살 진액 뽑아 곱게곱게 피어난 자녀들
선물과 상급으로 행복의 씨 되었네요

육체 빌려 태어났으나 물과 성령으로 한 번 더 태어나
영육의 아들로 주님의 품에서 자라다오

영육 동행하며 저 낙원의 안식
함께 누려보자구나

자녀 사랑 고통으로 피어날 때
서러운 눈물 감사의 노래되고

주님 앞에 드린 수고의 짐 누림 되도록
보상 기대 접은 부모로서
은혜 감사하는 자녀 날개 펴는
어린이 주일 되기를.

오월을 맞으며

계절의 여왕 오월입니다.

자연이 열매를 준비하고 활동하는 시기입니다.

가을을 잉태하는 봄의 끝자락이자 여름의 문턱입니다.

우리들 인생의 오월은 어떻습니까? 기대를 가지고 열심히 살아가고 있을 것입니다. 그러면서도 현재에 만족하는 것이 아니라 하나님 나라 갈 때를 바라보며 살아야 합니다. 목표가 천국이 되지 않는 사람은 세속의 바람을 이길 수가 없습니다. 약동하는 오월, 우리들 인생은 어떻습니까?

아름다운 봄의 너울
바람결에 흔들릴 때면
살며시 속살을 보이는 유혹의 오월

등에는 봄을 지고
품에는 여름을 한아름 안고
남모르게 가을을 잉태하는
곱디 고운 푸른 여왕 오월

세월의 바람 따라
나의 푸르른 오월은
다 날아가 버렸지만

요단강 너머 보여지는 생명수
유리바다 진주문
화려한 새예루살렘에서
흰 머리카락 올올이 면류관 될 터이니

**쏜살처럼 빠른 세월도
주님의 품 안에서는 그저 평안한 안식**
신령한 사랑노래로
행복의 노 저어 간다

사람은 창조의 원리대로 사는 것이 가장 행복합니다.

행복한 가정

아담과 하와가 영원히 행복하려면 에덴동산에서 살아야 했습니다.

그러나 뱀의 유혹을 이기지 못하고 타락하여 에덴동산에서 쫓겨났습니다. 그 후에는 가시와 엉겅퀴가 있는 곳에서 땀을 흘려야 소산을 얻고, 해산의 고통을 느껴야 하는 삶을 살게 되었습니다.

행복을 느끼려면 예수님 품 안에 있어야 하고, 하나님 말씀에 순종해야 합니다.

우리도 하나님의 창조의 원리대로 살기로 뜻을 정하면 좋겠습니다.

행복한 가정

최초에 조성된 아담의 가정
두 몸이 하나되어 행복을 노래하고
벌거벗어도 수치심 없구나
위로 하나님 모시고 순종하니
에덴의 풍성한 과일 주식이 되었구나

어디선가 찾아온 뱀
순종으로 누림의 복 받고 사는 하와
주님 앞에 불순종의 씨 심어
실패의 열매 지천에 가득 세우누나

남자의 이마에 구슬땀 노동으로 양식 얻고
여자의 해산의 아우성 생명을 토해내고
옥토가 가시밭 되어
뱀같이 지혜롭고 비둘기같이 순결해야 살아남게 되니

그 지혜 주님의 십자가 보혈 믿고
진리 운동하는 참된 순결은
주님 앞에 순종의 삶으로
영혼사랑을 이루는구나

아! 행복한 오월
생명의 산실에 사랑과 질서
온몸에 배어들고
구석구석 마음 둘 곳
알알이 좋아라

온 가족에게
주님의 은총 있기를.

사랑의 밭

어느 날 젊은 남녀 두 사람이 결혼하겠다고 찾아왔습니다. 평소 서로를 좋은 사람이라 칭찬을 아끼지 않던 이들이었습니다. 기쁜 맘으로 주례를 허락했습니다. 결혼식날, 식장의 하얀 천을 사뿐히 밟는 모습을 보며 둘이 하나되어 더더욱 행복하게 살기를 기도해주었습니다.

그때 친구 목사 한명이 생각났습니다. 그 친구는 젊을 때 일찍이 아내를 잃었습니다. 그 친구가 그 때 한 말이 생생합니다. "나는 사랑이 있는데 사랑을 심을 밭이 없다."

그 슬퍼하던 모습이 아직도 기억에 선합니다. 부부가 이룬 가정은 참 사랑의 밭입니다. 둘이 한 몸으로 하나님 앞에 서약한 부부, 예수님 안에서 오래오래 함께 사는 것이 참 행복임을 다시금 깨닫습니다.

사랑의 나무 가꾸더니
결혼의 열매 맺었구나

검은 양복 하얀 드레스
물들지 않는 맘
순수함으로 어울려
색동천 사뿐히 발맞추어
행복의 밭으로 가는구나

둘이 하나로 된 이들아

주님이 닦아 놓은 반석위에
금같은 믿음 키워
영육의 낙원 물댄 동산 만들어

시절 좇아 풍성한 삶의 지혜
아름 안고 사랑노래
호흡이 되려무나

노병의 눈물

국립묘지에 가면 남달리 감회가 새롭습니다.

하나님께서는 저에게 생명의 소중함과 평화의 소중함을 알게 하시려고 월남전에 참전하게 하셨습니다. 그 때 함께 했던 전우들이 국립묘지에 묻혀 있습니다.

지금도 그 곳에 가면 가슴이 아픕니다. 그러나 20년 전과 지금은 풍경이 많이 달라졌습니다. 과거에는 소복을 입고 찾아온 여인들, 새하얀 국화꽃이 종종 있었지만 지금은 빛바랜 비석만 남아 쓸쓸이 서 있습니다.

마치 나라를 위해 수고한 그 분들의 눈물을 국가가 알아주지 못하고 잊혀져만 가는 것 같아 참 마음이 안타까웠습니다.

유월의 정열 성숙할 때
나라 위해 몸 바친 전우야
그날의 포성이 하늘을 진동시킨다

동족상잔의 피는 한탄강을 붉게 물들였지만
자녀 남편 잃은 여인의 소복은
세월에 밀려 사라졌구나

베트남 자유위해
남극의 하늘아래
정글 속에 흘린 피
국립묘지 왜소한 돌비석 되었구나

육신 가진 자 힘의 논리에 살아가니
백의민족 순수함 붉게 변하고
역사의식 묘연해 노병은 탄식한다

‘주님의 능력으로 나의 조국 세우소서’

부어주소서

중국을 통해서 백두산에 갔을 때였습니다. 지프차를 타고 백두산 꼭대기에 오르니 발 아래 천지 못이 환하게 보였습니다. 다른 길로 돌아 내려갈때는 천지의 물이 두만강으로 흐르고 있음을 볼 수 있었습니다.

돌아오는 길, 도문에서는 멀리 북한 땅이 보였습니다. 강 하나를 사이에 두고 있을 뿐인데도 그곳 산에는 나무 한 그루도 없었고 초병은 총을 들고 강가를 거닐고 있었습니다. 자유가 억압당하고, 가난에 시달리고 있을 북한을 바라보며 '저 곳에 참 행복이 있으면 얼마나 좋을까' 생각했습니다. 가슴이 아팠지만 통일의 그날을 기대하며 기도하는 마음으로 숙소로 돌아왔습니다.

백두산 천지 의젓함
자자손손 백의 민족 깃발되고
쉼없이 솟아나는 물
한민족의 저력되는구나.
북녘 가난의 소식
내 마음 시리도록
폭포만큼 눈물이 흐르는구나.
도문의 낡은 다리 건너
북녘으로 가는 길목
인적 드물고
벌거숭이 산들은
서러움의 아픔을 이기려는
가녀린 처녀의 마음이구나.
허름한 두 대의 빈 차로
북녘 향함 보니 곡식 한 차
실어 보내고 싶구나.
망원경으로 보이는
두만강 건너편
두 사람의 초병 총 메고 걷고 있구나.
시골의 기차역 조용히
곳곳의 자유를 불어대는구나.

오, 주여!
배고프고 자유없는 땅에
행복을 심고 부어주소서.

사람의 매력

한 그루의 장미 나무가 있습니다. 꽃이 없을 때는 그저 가시 넝쿨의 대우를 받았습니다. 그런데 꽃이 피니 꽃의 대우를 받습니다. 또 보잘 것 없어 보이던 한 나무도 좋은 열매를 맺고 나니 농부의 사랑의 대상이 되는 것을 보았습니다.

사람도 행위를 통해서 하나님과 사람에게 귀히 여김을 받습니다. 아름다운 외모보다는 가슴 속에 성령의 열매가 있을 때, 또 아름다운 삶이 있을 때 진정한 매력이 드러납니다.

이제 장미처럼 꽃으로 말하고, 나무처럼 열매로 매력을 드러내봅시다. 교수는 강의로, 가수는 노래로, 목사는 목회로 매력을 보입시다. 사람의 매력은 신앙과 행위에 있습니다.

철조망 조용히
기어오르는 가시넝쿨에
빨간 장미꽃 피었어요

오늘따라 더욱 그 아름다움에
길손의 시선 받네요

좋은 나무 열매로 뽐내고
꽃나무 꽃으로 본성 드러내는데
사람은 무엇으로 매력보일까요

조물주 앞에 아름답고
사랑의 눈으로
신묘막측한 존재에 감탄하며
마음에 행복
조용히 품어봅니다

숲처럼

산에 오르면 사람들의 마음을 가장 시원하게 해주는 것은 숲입니다. 숲은 땅과, 태양과의 관계를 바르게 맺고 있습니다. 비가 오면 대지가 빗물을 다 흡수하고 태양이 내리쬐면 짐승도, 새도 다 시원한 그늘 아래 품고 맑은 산소를 내보내줍니다. 솔바람이 불 때면 손을 흔들어 반기고 춤을 추는 여유를 보이기도 합니다.

저는 숲을 닮아가고 싶다고 생각했습니다.

세상의 많은 사람들 가운데 내가, 그리고 우리가 숲이 되어 모든 사람을 포용하며 간다면 얼마나 좋을까요!

숲처럼 솔직하리라

봄 태양에 파란 싹 움틔우고
여름 태양 작렬하면 큰 잎 흔들며
비오는 날이면 잎 손 모아
방울방울 물 받아
뿌리에 물 주리라

솔바람만 불어도 반응하며
나풀나풀 춤추는 솔직함으로
나의 삶에 교훈 삼으리라

우는 자와 함께 울고
웃는 자와 함께 웃고
슬픈 가슴 함께 나누어
반으로 줄이고
사랑하는 맘
웃는 환경 보태어
갑절 만들리라

행복의 물댄 동산
가뭄에도 청수 쏟아 내는
숲 의 가 슴 처 럼 솔 직 하 리 라

행복자

이 땅에 살면서도 환경의 지배를 받지 않고 산다면, 외양간에 소가 없고 양이 없을지라도 범사에 감사하다고 고백한다면, 반석 위에 집을 짓고 반석 되신 그리스도와 접하며 산다면 그는 행복한 사람입니다. 행복자는 바로 그리스도 안에 사는 우리들입니다.

전능자 닮게 만들어 주심
감사해요

허물 죄 사망의 씨 십자가로 멸하시고
새 생명 영원한 나라 상속자 되게 하심
감사해요

물질, 건강 넉넉지 않아도
구원의 선물만으로도
감사해요

"비록 무화과나무가 무성하지 못하며
포도나무에 열매가 없으며
감람나무에 소출이 없으며
밭에 먹을 것이 없으며
우리에 양이 없으며
외양간에 소가 없을지라도
나는 여호와로 말미암아 즐거워하며
나의 구원의 하나님으로 말미암아 기뻐하리로다"

행복자 당신은
아브라함의 품의 나사로 천국노래 함께 할
영원한 행복의 소유자입니다

칠월의 농촌

시골에 가보면 모든 것이 다 허름해지고 살던 집도, 환경도 옛날과는 많이 달라졌습니다. 그러나 조상들의 향기, 그 발자취는 고스란히 남아 있습니다.

나지막한 집 마루에 걸터앉아 생각에 잠겨봅니다. 더덕이 익어가는 향기를 느끼며 살구와 앵두를 따먹던 그 때, 참새 떼가 날아오르던 그 모습…….

칠월엔 더더욱 그 모습이 떠올라 향수와 추억에 잠깁니다.

조상들의 삶의 터전
엉성하게 남아있는
나지막한 농가의
마루턱에 걸터 앉아
조용히 눈 감아 기도 드리고
이 곳 저 곳 살펴보니
옛날이 그립구나

어릴 때의 추억이
주마등처럼 떠오른다

노랗게 익은 살구 보고
돌 던지다 장독 깨어 꾸중 듣고
빨갛게 익은 앵두 따 먹으려
손 빠르게 놀리던 일들
아! 농촌은 마음의 고향

돌담 위에 올라가는 저 더덕넝쿨이
좋은 냄새를 선사한다

처마 밑에 매어 달린 마늘 타래
농부의 부지런함에 감사하며
의인에게 먹히기를
소원하는 듯하다

좁은 길

나이가 들수록 고향이 그리워집니다. 문득 옛 친구가 보고 싶어져서 시간을 내어 고향에 한번 가 봤습니다. 그런데 동네 분께 내 친구의 집은 어디입니까, 안부를 물었더니 저 건너 야산을 가리켰습니다. 그 곳에는 친구의 묘가 있었습니다. 가는 길에 들러보니 그 묘등의 풀들이 솔바람에 흔들리고 있었습니다. 나는 그것이 마치 친구의 손짓처럼 느껴졌습니다.

문득, 풀잎 손 흔들며 가는 이 땅에서의 삶이 인생의 전부라면 참 의미가 없겠다는 생각이 들었습니다.

그러나 구원 받은 우리들에게는 예수 그리스도의 길이 있습니다. 비록 좁은 길이지만 기쁨으로 영생을 향하여 가는 길이므로 외롭지 않습니다.

그리운 옛 동산
보고픈 옛 친구
산새 들새 노래 듣고
산딸기 따먹던 그 때가
눈물겹도록 그립다

옛 동산 찾아가니
새들의 아름다운 합창 잠들고
동심 함께 한 친구들은
표정 잃은 할아버지 되었고
성질 급한 친구 몇몇은
건너편 야산 흙집에 잠들었다

옛 친구 온 것도 모르고
묘 등에 핀 풀잎
손 흔들어 작별만 고한다

아! 보이는 인생이 전부라면
얼마나 허무한가!

질그릇 속 보화 바라보니
그 안에 아름다운 인생길 있어
새 나라 소망 안고
좁은 길 외롭지 않게 가노라

잠

요즘은 많은 사람들이 불면증으로 고생한다는 말이 심심치 않게 들려옵니다.

힘들게 일해보지 않은 사람은 휴식의 소중함을 모르는 것처럼, 불면증에 시달려 보지 않은 사람은 잠의 소중함을 모릅니다.

저도 목회하다 힘이 들 때면 아무리 불러도 도무지 잠이 오지 않을 때가 있습니다. 머리를 감싸안고 잠을 자고 싶다고 아우성을 칠수록 점점 내 가슴과 머리에는 대낮이 찾아옵니다.

잠이야말로 하나님이 우리에게 나리우신 최고의 선물입니다.

일상에서의 행복한 순간이 있다면 그 중 하나는 밤새 단잠을 자고 아침에 일어나 밝은 태양을 보며 기지개 켜는 때라고 생각합니다.

우리의 아침이 늘 이렇길 소원합니다.

"너희가 일찍이 일어나고 늦게 누우며 수고의 떡을 먹음이 헛되도다
그러므로 여호와께서 그 사랑하시는 자에게는 잠을 주시는도다"(시127:2)

죽은 듯 자고 나니 세상이 달라 보인다

힘들게 일해 보지 않은 사람 휴식의 기쁨 알 수 없고

아픔과 고통으로 잠 못 이루어 보지 않은 사람

단잠의 소중함 알지 못하리라

자연은 아름다운 사랑으로 깨어나고

함께한 뼈 중의 뼈 따뜻한 시선 머무니

온 가정 행복의 태양 빛 가득하다

산이 바라보이는 베란다

주님 향한 감사기도 올리니

그 향기 하늘 열고

보좌에 이르는구나

감사해요

우리 삶에는 감사의 조건이 참 많습니다.

먼저 시시각각 변하는 계절의 아름다움을 볼 수 있는 밝은 눈을 주심에 감사합니다. 여름이 되면 등골에 송골송골 맺히는 땀이 감사합니다. 땀 맺히는 그 따뜻함이 과일을 빨갛게 익히고 맛을 더하게 하는 태양으로부터 오기 때문입니다.

그러므로 더위도 감사하고 열매는 더더욱 감사합니다. 삶의 어려움에 아픔을 느낀다면 모든 신경이 정상적으로 작동하고 있다는 것이므로 살아있는 자체로 다시한번 감사한 것입니다.

생명도, 아름다운 삶도 주시고 필요를 채워주시는 하나님, 오늘도 감사하며 살아갑니다.

폭염이 쏟아지는 자연의 아름다움
볼 수 있는 눈 주심 감사해요

이마 등골 온몸 송글송글
땀방울 솟음
살아있는 증거 느끼게 하심 기뻐요

여기저기 돌볼 사람 많아
삶의 보람 느끼게 해 행복해요

더위 피할 수 있는 환경
시원한 물 마실 수 있음 감사해요

과일 열매 잘 익어
당도 높게 해 주심 감사해요

주님 주신 모든 환경
감사의 조건되고
성령의 은혜 입히심 행복해요

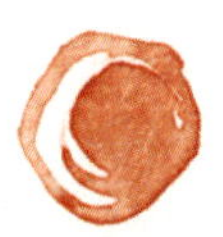

힘들고 외로울 때
십자가 위 벗은 몸으로 돌아가신 주님
고난과 삶의 좋은 모델 되심 감사해요

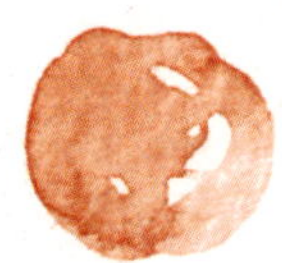

시작노트 # 079

사랑하나보다

우리가 기쁠 때나 슬플 때, 나타나는 증상이 있습니다.

슬픔은 눈물로, 기쁨은 웃음으로 나타납니다.

사랑에도 증상이 있습니다.

만약 어떤 사람이 보고싶고 만나고 싶다면, 그리워진다면,

그가 잘 지내고 건강하다는 소식을 듣고 그렇게나 기분이 좋다면,

그것은 내 마음 속에 그 사람에 대한 진정한 사랑이 자리잡고 있는 것입니다.

그 사랑의 증상을 시로 표현해 보았습니다.

당신이 보고 싶고
당신의 행복이
나의 기쁨이 되는 걸 보니
내가 당신을 사랑하나보다

당신의 힘듦이
나의 마음에 근심이 되는 걸 보니
내가 당신을 아끼나보다

당신이 아플 때
불쌍히 여기는
마음 있는 걸 보니
내가 당신을 진정으로
사랑하나보다

때

살다보면 어느 순간 살아온 길을 돌아보게 될 때가 있습니다.

젊을 때 서투른 감정표현들이 생각나면 후회스럽기도 하고, 내가 했던 말과 판단의 결과로 힘들었던 때도 생각납니다. 그때는 그것이 최선인줄 알았는데 지나고 보니 잘못된 것도 있었음을 깨닫게 됩니다.

그러나 때를 놓치고 실수가 있었더라도 모든 후회는 회개로 다 극복할 수 있습니다. 주님의 말씀으로 무장한 비전을 가지고 한걸음 한걸음 살아가면 우리의 축복의 때는 항상 시온의 대로 속에 있습니다.

버려야 될 때 가져야 될 때를 돌아보니
산 위에서 오르는 길을 보는 듯 감회가 깊다

더 빨리 올라올 수도 있었을텐데
계곡을 헤매지 않아도 되었을 텐데
후회도 있으나 그 고통 자체가 인생임을 알게 된다

범사에 감사해야
더 좋은 때를 만들 수 있어
진리 안에서 감사의 맘 품고
조용히 걸어본다

가을날

가을엔 하늘이 참 푸르고 높습니다.

가을이 되면 큰 꽃들 사이로, 황금들녘 가운데 난 도로를 걸으며 노래하고 싶은 충동이 일어납니다. 도로 옆에 서 있는 코스모스는 차가 지날 때마다 막 손을 흔듭니다.

가을엔 하나님께서 농부의 수고와 땀을 기억하시고 삼십 배, 육십 배, 백 배의 열매로 보상해 주십니다. 인생도 사람도 배부름을 체험하면서 행복해하는 때가 가을입니다.

하늘 높아 푸르니 걷고 싶고
황금들녘 아름다워 안고 싶어라
가을바람에 코스모스는 한가로이
행복을 노래하는구나

좋은 씨 옥토밭 오곡백과 열매 맺고
땀 흘린 농심을 위로하니
환한 얼굴 주름주름 아름다워라

사랑의 님 이른 비와 늦은 비 주시고
태양빛 열매 영글어
행복의 노래 가슴에 여울진다

이렇게 좋은
오늘보다 더 좋은 내일이 있기에
진리 앞에 그 사랑을 노래한다

석류나무

지금으로부터 사오십 년 전쯤에는 부잣집 뒷마당 장독대 근처에 석류나무가 한 그루씩 있었습니다. 이제 갓 결혼한 새댁은 매일 아침 장독대를 찾아옵니다. 석류나무는 아무도 찾지 않던 뒷마당에 매일 찾아오는 아씨가 참 반가웠을 것입니다.

따뜻한 계절이 지나 석류열매가 빨갛게 익어 탁 터져나왔습니다. 그때 그 모습이 제게는 마치 매일 새 아씨의 손길을 그리워하고 만남에 행복해하는 석류나무의 마음처럼 느껴졌습니다.

빨간 석류 열매는 제게 동심의 아름다운 기억을 선사합니다.

앞 마당 장독대 뒤에
한 그루의 석류나무

아침, 저녁으로 장독대를 오가는
예쁜 새아씨 얼굴보니 좋겠구나

얼굴이 붉은 걸 보니
사랑하는 사람을 만나는구나
그 사랑
그 기쁨
감추지 못하여
불타는 정열을 가슴 속에 태우다
더 이상 숨길 수 없어 가슴을 여는구나

빠알간 속 드러나니 아름답다

새아씨의 고운 손이 석류알에 닿으니

그동안 외로움이 단번에

행복한 표정으로 바뀌는구나

한가위

실하게 영근 밤나무 열매일수록 가시 주머니가 단단하고 뾰족해집니다. 그럼에도 따끔한 가시 주머니가 아이들에게 관심의 대상이 되고 소중히 대접 받는 것은 그 속에 알밤이 들어있기 때문에 그렇습니다. 이처럼 우리가 이 땅에서, 가정에서, 사회에서 소중한 사람이 되고 대접을 받으려면 그 속에 거룩함이 있어야 합니다. 그리고 믿음과 소망과 사랑을 가득 담는다면 더욱 힘 있게 살 수 있습니다.

한가위를 맞아 가정은 정을 가득히 담아 이해와 사랑이 넘치는 장소가 되었으면 합니다. "형제는 위급할 때를 위하여 났느니라"(잠 17:17)는 성경 말씀을 가슴 깊이 아로새기며 내가 가진 경제적, 영적 건강으로 가족과 친지와 이웃을 행복하게 하는 한가위가 되기를 바랍니다.

가시 주머니
알밤 토해내는 때

황금들녘 춤추고
나무들 본성 내보이니

가을 속 한가위
거리마다 행복 피어나고

온 가족들
믿음 소망 사랑 맘에 담고
감사 길쌈해 보아요

후버댐에서

언젠가 미국 콜로라도 강에 위치한 후버댐에 가본 일이 있습니다.

1930년대 건설되었다는 거대한 댐은 협곡을 가로지르는 모습이 참으로 웅장했습니다. 공사를 했던 사람들이 굉장히 힘들었겠구나 싶었습니다. 안내하는 분의 설명을 들어보니 그 공사가 진행될 때 많은 사람이 고생했지만 그 노력과 희생으로 미국이 가장 어려운 때, 많은 사람에게 일할 수 있는 자리를 주고 대공황을 극복했다고 했습니다.

바로 그 수고의 열매를 통해 발전하고, 그 결과로 라스베가스의 밤거리를 환하게 비추게 된 것을 봅니다. 이런 역사의 발자취는 미래를 바라보며 수고하고 열심히 일하는 지혜를 가질 때, 많은 사람을 행복하게 할 수 있다는 소망을 다시금 품게 합니다.

생명줄 흐르는 강물 막아
큰 심장 만들어
전기, 물 공급하여
사막 위 도시 만들고
푸른 숲 만들었구나

경제공황 이기게 한
암반 깊이 파고드는 막강한 기술력
인간의 위대함 돋보이는 발전소
엘리베이터 타고 지하 들어가니
터빈발전기 소리 내며 돌고
삼엄한 경비병의 눈초리는
발전기 귀중함 느끼게 하는구나

미래 보는 조상의 지혜 빛
라스베가스 밤거리 밝히고
광야 도시에 푸른 숲 자란다

우리도 미래 감지하는 지혜
풍성한 삶 가져보자

이젠 벗어봅니다

무거운 짐을 져보았다면 내려놓는 기쁨을 압니다. 그리고 열심히 일한 사람은 휴식의 소중함을 압니다.

세상을 살아갈 때, "수고하고 무거운 짐진 자들아 다 내게로 오라"(마11:28)는 주님의 말씀을 가슴에 담고 자신을 이기며 하나하나 벗어놓는 것이 필요합니다. 우리는 모든 것을 나 혼자 하려고 합니다. 하지만 결국 깨달아보면 나는 할 수 있는 힘이 없습니다. 목회도, 남을 돕는 일도, 다른 사람을 변화시키는 일도 그렇습니다. 그걸 다 주님께 맡기면 주님이 책임져주십니다.

내 힘으로 안 되는 것은 주님이 다 해주신다는 믿음 안에 있으면 벗어놓음이 가능해집니다.

무거운 짐 벗어 버렸습니다

질 수 없는 짐을 지겠다는 착각
내 날이 아닌 내일의 염려
창조주가 아니면서
인간을 책임지려는 무리한 욕구를
조용히 벗어 버렸습니다

이젠 하나님을 봅니다
그의 능력을 의지합니다
섭리의 사랑을 깨닫습니다

요나가 탄 배의 강풍은
요나 보기엔 환난이나
하나님 보시기엔 회복의 큰 사랑

고통을 보호로 보는 지혜의 눈 열어
범사에 감사의 바다로
두둥실 사랑 노래 부르면서 항해합니다

님이여

님!

저에게 님은 예수님, 하나님, 성령님입니다. 모든 걸 다 아
시는 예수님, 생각을 아시고 과거를 아시고 현재까지도 다
아시는 주님입니다. 우물가에서 만난 범죄한 이방여인도
남편이 몇 명 있었는지, 어떤 삶을 살았는지 모든 것을 알아
보시는 분이 예수님입니다.

다 아시는 분 앞에서는 위선을 떨 수 없습니다. 주님 앞에서
는 오로지 진실하게, 있는 그대로 기도하고 자신을 열어 보
이는 것이 가장 큰 실력입니다.

님이여! 지금 이 순간에도 그 이름 외치며 주님 앞에 항복합
니다.

님의 눈에 가리우는 것 없으시니
그 앞에 누가 위선자 될 수 있나요

과거 현재 미래
확실히 아시니 무엇을 구할 수도 없구요

님의 큰 사랑 깨달아지니
님의 뜻대로 은혜 주세요

내 눈에 추하고 좋아도 관심없고
님이 어떻게 생각하심이 최고의 관심이 되네요

나도 내 마음에 들지 않는데
누가 내 마음에 들까요

님이여!
난 연약한 종일뿐이오니
불쌍히만 여겨 주세요

마음의 들녘지나

산과 들, 강과 바다, 큰 나무와 작은 나무, 그리고 들풀
그 모든 것이 자기의 색깔을 드러낼 때, 자연의 조화는 신비롭습니다.
가정에서도 사랑받는 사람, 사랑주는 사람, 밥 하는 사람,
돈 버는 사람, 제각각 다양한 역할을 감당하며 함께 살아갑니다.
평소와는 다른 환경을 접하면 마음에 상당한 변화가 오는 것처럼,
늘상 보이는 자연의 모든 것들이 사람의 마음에 들어오면
마음의 들녘이 풍성해짐을 깨닫습니다.
이제 충만한 마음의 열매를 안고 감사의 노래를 불러봅니다.

천지창조 전능의 주님
땅과 씨 선물 주고
씨 뿌리는 수고의 지혜
어르고 달래는 사랑 입혀
색색의 조화, 들 산 입히우고
오곡백과 아름 안고
감사 때 맞았어요

심는 대로 거두는 땅
공평하게 내리는
빛과 물 주심의 사랑
감사에 잠기우네요

열매 속 씨 생명 담아
미래 소망 안기운 주님
늙고 쇠하는 육체
구원의 씨 선물 주어

환난 핍박 미움 들녘 지나
성령 열매 풍성함 안고
믿음 사랑 행복 가득하네요.

우리 모두에게!

열매 있는가

농부는 좋은 열매를 맺는 나무를 사랑하고 보호합니다.

그리고 늘 거름을 주어 더 많은 열매를 맺도록 돕습니다. 그러나 열매 없는 나무와 가지는 가을에 농부가 다 찍어 버립니다.

예수님의 이 비유는 나무에게 하신 말씀이 아니라 사람을 두고 하신 말씀입니다.

저는 이 말씀을 묵상하며 나를 통해 이 지역이 어떤 열매를 맺고 있는가 생각해보았습니다. 농부가 나무에게 열매를 원하듯 하나님도 우리에게 열매를 바라신다는 것을 생각하니 분초가 너무 아깝고, 무슨 열매를 거두어 곳간에 들일까 더욱 고민하게 되었습니다.

여보게 당신의 밭 나무에
열매가 있는가

열매 많이 맺어 후년에는
더 많이 맺도록
거름을 많이 줄 생각이네

**여보게 당신의 밭 나무에
열매가 있는가**

열매 맺지 않는 나무마다
화목(火木) 삼고
다른 나무 심자는
농부의 이 소리가 들리는가

당신은 하나님의 교회와
세상에 심은 나무
감사절 앞두고
받은 복 세어보세

시와 찬미로

가을 지나 겨울 문턱에 서면 교회마다 추수감사절을 지킵니다. 그 때마다 크리스천들은 무엇으로 감사를 표현할까 행복한 고민을 합니다.
한 해를 돌아보니 우리에겐 감사의 조건이 너무 많습니다. 먼저 구원에 대한 감사, 영생에 대한 감사가 있습니다. 그리고 한 해 동안 우리를 보호해주신 것, 우리로 하여금 하나님 나라에서 상급을 얻도록 해 주신 것, 전도하게 하신 것, 보물을 하늘에 쌓아 둘 수 있는 창고를 허락하신 것 등, 이 모든 것을 주신 하나님께 감사할 뿐입니다.
설령 무화가 나무에 열매가 없고 포도나무 열매가 풍성하지 못한다 할지라도 감사가 넘치는 계절이 되길 바랍니다.

열매를 원하신 님
햇빛 주고 물 주어 밤낮 덮어
봄부터 가을 어지간히 기다려 주셨어요

독생자 주신 님
십자가 사랑 심어 영혼 구원 이루셨어요

한 해 동안 보호의 은혜 입히신 님
무엇 무엇 감사 할까요

전도하여 생명 드리고
물질드려 마음드려 순종하여
좋은 환경 드릴래요

낙엽은 떨어지나 열매는 곳간 향하니

시와 찬미로 거룩한 님
소망하며 사랑 노래
가득 채울래요

참 지혜

하나님이 하시는 모든 것은 다 목적이 있습니다. 땅에 떨어진 빗방울은 봄에는 새싹을 돋게 하고, 여름에는 잎과 꽃을 피게 하는 에너지가 되고 가을에는 나무의 잎을 벗겨내어 낙엽이 지게 합니다. 빗방울 하나도 그 역할을 잘 감당하는데 하나님이 구원시켜주신 사람은 이 세상에서 무엇을 해야 할까요? 예수님을 구주로 믿는 우리들은 왜 이 땅에 보내시고, 결혼하여 가정을 꾸리게 하시고 부모가 되게 하시고 직분을 주셨는지 곰곰이 생각해보길 바랍니다.

자신의 역할을 잘 감당하는 빗방울을 보며, 주님 보시기에 더 좋은 일들을 많이 해야겠다는 다짐을 합니다.

후두둑 소리내며
도로에도 노란 은행잎에도 우산 위에도
저만치 보이는 수리산 나무 위에도
공평하게 내리며 자신의 존재를 알리는 비

봄에는 잠자던 잔디 깨우며
잎 피우고 꽃 피우며 옷 입히더니
오늘은 나무 옷 벗긴다

열매 맺은 감나무 시과나무에게
이젠 잎 대신 열매 보이라며 계속 내린다

빗방울 하나도
때를 따라 사명을 다하는데
나의 사명이 무엇인지를
조용히 깨닫는다

시대에 따라 바르게 감당하는
참 지혜자가 되련다

님이 계시거 때문이지요

마음이 컬컬하고 답답할 때면 조용한 골방에 들어가 연약함을 고백합니다.
나의 게으름을 회개하고 성령의 은혜를 덧입으면 굉장한 마음의 평안이 있습니다. 물질로도 명예로도 안 되는 일들이 하나님의 영인 성령이 오시면 해결됩니다.
사랑도, 희락도, 화평도, 자비와 양선도 성령의 능력으로 주렁주렁 가슴에 맺힙니다. 우리의 노력이 아닌 성령의 역사로 가슴 가득히 채워지는 것을 늘 경험합니다. 그래서 어떤 염려와 걱정이 있어도 좌절하지 않고 범사에 감사할 수 있습니다.

님의 영만이 내 마음에 참 행복을 심을 수 있습니다
나의 경험과 생각은 허무와 좌절의 늪으로 빠져들게 할 뿐입니다
님의 영 떠나면 목 놓아 울 기력도 없고 살 의미도 없을 것 같습니다

지난 세월 사별의 강을 걷는 이들
님의 사랑의 눈으로 보지 않으면 슬픔의 눈물만 토하게 됩니다

님 열어 놓은 길 살며시 보여지니
한 줄기 사랑의 빛 통해 소망을 가집니다

님! 한 그루 나무의 생(生) 보다 우리의 삶이 복된 이유는
님이 계시기 때문이지요

감
사

"항상 기뻐하라 쉬지말고 기도하라 범사에 감사
하라"
하나님의 사랑은 다양한 모습으로 삶 속에 나타
납니다. 때로는 징계 속에도 하나님의 사랑이 숨
겨져 있습니다. 부모님의 엄한 꾸중 속에 사랑이
감춰진 것처럼, 이 땅의 모든 그리스도인이 당하
는 환난은 결국 합력하여 선을 이루어 갑니다. 하
나님은 우리에게 감사를 채워주시려고 환난 속에
우리 모두를 붙들고 계신 것입니다.
환난 속에, 실패 속에, 고통 속에 하나님의 깊은
사랑이 숨겨져 있습니다.

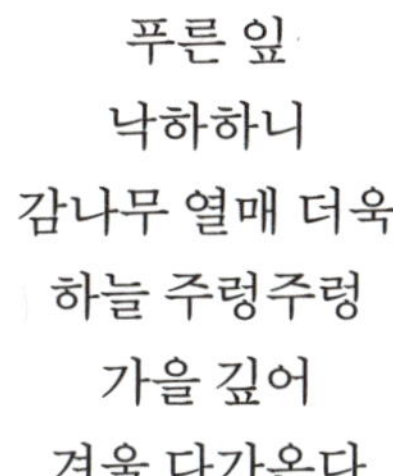

푸른 잎
낙하하니
감나무 열매 더욱
하늘 주렁주렁
가을 깊어
겨울 다가온다

푸른 들녘
채소 뽑아
김장 김치 담궈
겨울 푸근함 가득가득

만족 채우며
수고의 대가 이상
풍성한 열매 주심 고마워
감사의 맘
속속들이 바칩니다

겨울바다

어느 날 아내와 함께 강원도 속초 하조대에 갔습니다. 바위에 서서 저 먼 바다를 바라보니 갈매기가 끼룩끼룩 하면서 공중에 맴돌고 있었습니다.

겨울 바다를 둘이 나란히 걸었습니다. 뒤를 돌아보니 발자국이 나란히 남겨지고 있었습니다. 인적없는 겨울바다였지만 사랑하는 사람과 같이 걸으니 쓸쓸하지 않았습니다.

내가 처한 환경이 중요한 것이 아니라 사랑하는 사람과 함께 있다면, 사랑받는다면 그곳은 언제든지 행복한 장소가 될 수 있다는 것을 느꼈습니다.

하얀 모래사장 텅 빈 공간
길손은 발자국 남기며
터벅터벅 걷는다

해송은 바람에 손 흔들고
하조대 바위 위풍당당히 등대안고
밤을 기다리는구나

갈매기 하늘 날리우고
반석 향해 칭얼대는
겨울바다는
햇빛 반짝이며 어부의 뱃길 연다

옷깃 스며드는 찬바람
내 가슴 겨울바다 만들려 하나
주님 은총 나리움 체험되니
여름바다 화려함 다가오고
행복의 노래가 호흡 되는구나

빛 따르는 사람들

하나님 아버지께서 아들을 이 땅에 보내실 때 마음은 어떠셨을까
요? 말구유에 보내야 하고 나사렛 목수의 가정에서 30년을 살아야
하고 40일을 금식하며 마귀에게 시험을 받아야 했습니다.
세상의 온갖 멸시 천대를 받으시고 십자가 상에서 아버지, 어찌 나
를 버리셨나이까 하시기까지 고통받는 장소로 보내셔야 했습니다.
그것이 성탄절입니다.
그리고 하나님의 사랑입니다.
기쁜 성탄을 맞이하여 하나님 편에서
그 마음을 헤아려보는 시간을 가져보면 좋겠습니다.
'하나님, 우리를 얼마나 사랑하셨으면
하나 밖에 없는 독생자를 보내주셨나요.'
선물로 받은 구원의 기쁨으로
감사가 넘치는 날이 되시기를 바랍니다.
"기쁘다 구주 오셨네 만백성 맞으라"

아버지 큰 사랑

베들레헴

별 따라 흐르고

그 빛 따르는 사람들

행복을 입어간다

사망이 장사되고

생명이 살아나

불행의 깊은 잠

생명으로 깨어나는

좋은 성탄

온 누리에 평화 있기를!

행복의 소산

우리는 잘 먹고 잘 살고 부자가 되면 선한 사람이
될 것이라 생각했습니다.

교육 수준이 높아지고 경제가 발전하면 살기 좋
은 때가 오리라는 기대가 있었습니다.

그때는 굉장한 꿈이 있었어요.

그런데 지금은 그때만큼 행복이 덜한 것 같습니다.

편리하지만 평안하지 않습니다. 아이들 뿐 아니라
모든 사람의 꿈이 희미해져갑니다. 그래서 참 행복
은 환경에서 오는 것이 아니라 꿈이 있을 때 행복
한 것임을 깨달았습니다. 그리고 그 꿈이 신앙 안
에서 이루어진다면 더할 나위 없이 행복할 것입니
다.

천국을 사모하는 꿈을 가져봅시다. 현실에 아무
리 어려운 일이 있다 할지라도 지지 않고 항상 소
망가운데 즐거워하십시오 행복은 여러분의 마음
과 영혼의 소산입니다. 할렐루야!

찬바람 문풍지 울릴 때
새벽 잠 깨워 구들장에 붙잡히던
그 옛날 시골 삶

허기진 배 부여잡고
보릿고개 넘기던 때가
그리워지는구나

먹을 것 없었으나
정 많고 꿈 있어 행복했던 그 때

황토 분처럼 바르고
산새 노래 들으며
송아지와 함께 들판 누빌 때

꼴짐 지고 돌짝 길 갈 때도
마음은 항상 편했는데

물질 환경 편리로 가득한 현실
평안도 행복도 옛 같지 않으니

아! 인생의 행복은
마음과 영혼의 소산임을
주님 안에서 깨닫게 됩니다

시인의 언덕

아픔 곱씹으며
육체 흙으로 녹아내린
허무의 눈 닫고

시인의 언덕
SEASON 2

사랑을 심는 걸 보니
행복하겠네요

GoodTV 〈권태진 목사의 시인의 언덕〉 방영 목록

1회	반보	08.11.30		28회	보훈의 달에	09.06.15
2회	가로등	08.12.07		29회	샘물	09.06.22
3회	갯벌을 보며	08.12.14		30회	6월	09.06.29
4회	성탄절	08.12.22		31회	살아도 죽어도	09.07.06
5회	새해를 맞으며	08.12.29		32회	바람	09.07.13
6회	행복의 텃밭	09.01.04		33회	행복	09.07.20
7회	눈밭	09.01.11		34회	포기할 수 없습니다	09.07.27
8회	어떤 환경도 좋아요	09.01.18		35회	이렇게 살리라	09.08.03
9회	설날	09.01.25		36회	휴가	09.08.10
10회	희망의 노래	09.02.01		37회	섬겨라	09.08.17
11회	어둠의 화폭에 빛 되었으면	09.02.08		38회	통일의 손 꼽으며	09.08.25
12회	난 태양을 보리라	09.02.15		39회	메밀꽃 피는 동심	09.09.07
13회	사랑	09.02.22		40회	열매로 말하라	09.09.21
14회	봄의 문턱에	09.03.01		41회	추석	09.09.28
15회	생명	09.03.08		42회	가을	09.10.05
16회	행복노래	09.03.22		43회	님의 가슴으로 세상을 보노라	09.10.13
17회	봄이 가져다 주는 행복	09.03.29		44회	갈릴리에서	09.10.20
18회	좋은 것 심어요	09.04.05		45회	억새풀	09.10.27
19회	부활	09.04.12		46회	남은 날	09.11.03
20회	갈릴리 호수	09.04.19		47회	불타는 산	09.11.10
21회	십자가 사랑	09.04.26		48회	추수감사	09.11.17
22회	큰 선물	09.05.04		49회	사랑	09.11.24
23회	어머니	09.05.11		50회	반석 위	09.12.01
24회	참 스승	09.05.18		51회	하늘땅 축제	09.12.15
25회	빗물을 눈물로 느낄 때의 추억	09.05.25		52회	사랑의 꽃	09.12.22
26회	오월의 기도	09.06.01		53회	희망의 새해	09.01.01
27회	일어나자	09.06.08		54회	질그릇에 담은 보배	10.01.12

겨울

봄바람은 잎과 꽃에 불어 넣고

따뜻한 시선 머무니
온 가정 행복의 태양 빛 가득하다

가을날

여보게 당신의 밭 나무에
열매가 있는가

이젠 벗어 봅니다
詩 권태진 목사

난 꿈이 있어요
난 행복해요

한 길 한 나라 가면
먼저 가도 나중 가도
서로 만날 날 보장되고

성경에 보면 예수님을 만나는
모든 사람들은 행복해졌어요

동녘의 태양이
힘차게 떠오릅니다

구구절절 진리임 알아
순종의 맘 키웁니다

사랑

시인의 언덕

일어나자 새롭게 하자
견능자 영의 권계옷 얻어

권태진 목사

가시 주머니
알밤 토해내는 때

노병의 눈물

후버 댐에서

권태진 시인의 시/작/노/트 01

너의 새날을 위하여

지은이 • 권태진
초판발행 • 2015년 12월 1일
등록번호 • 제 2003-6호
등록된 곳 • 경기도 군포시 오금로 102
발행처 • 도서출판 성빛
전화 • 031-397-6754
팩스 • 031-397-9241
이메일 • gpjeil@gmail.com
홈페이지 • www.gunpojeil.org
본문일러스트 • 박영애

ISBN 978-89-87187-25-9 (04230)
      978-89-87187-24-2 (SET)